INTRODUCCION AL APOCALIPSIS PARA CATOLICOS

P. Juan Alfaro

LIGUORI
PUBLICATIONS

One Liguori Drive
Liguori, MO 63057-9999
(314) 464-2500

Dedicación

Al Señor Arzobispo Patricio F. Flores D.D., de San
Antonio, Texas, en sus Bodas de Plata en el episcopado

Imprimi Potest:
James Shea, C.SS.R.
Provincial de la Provincia de St. Louis
Los Redentoristas

Imprimátur:
Paul Zipfel V.G.
Obispo auxiliar, Arquidiócesis de St. Louis

ISBN 0-89243-804-5
Número de catálogo de la Biblioteca del Congreso: 95-76123
Propiedad literaria © 1995, Liguori Publications
Impreso en Estados Unidos
Primera Edición
95 96 97 98 99   5 4 3 2 1

Diseño de la portada: Christine Kraus

Introducción:

La excelente acogida que el público hispano de los Estados Unidos y de América Latina le dio a mi libro *Preguntas y respuestas sobre la Biblia*, publicado por la Editorial Liguori, me animó a preparar este libro sobre las inquietudes y preguntas que la gente tiene sobre el libro del Apocalipsis.

En las muchas conferencias bíblicas que he dado por los estados de Texas, California, Florida, Nueva York, y por México, el Apocalipsis suele ser el tema preferido por la gente. Sucesos recientes como la guerra del Golfo Pérsico y la tragedia de Waco hacen que la gente busque su significado recurriendo al Apocalipsis.

En los veranos de 1987 y de 1990 ofrecí cursos sobre el Apocalipsis en el Centro Cultural México Americano (MACC) de San Antonio, Texas, en los que se batieron los records de asistencia. Allí se me hicieron bastantes preguntas que he incluido en este libro. Por razones sociales y culturales, el Apocalipsis ha pasado a ser de nuevo uno de los libros de la Biblia más leídos e investigados, ya que de un modo particular desafía a la imaginación de la gente de hoy; muchas personas esperan encontrar en este libro la clave del futuro, lo que va a suceder en nuestros días. El libro del Apocalipsis contiene una clave para el futuro, pero no del modo que muchos lectores piensan.

He ordenado las preguntas de tal modo que se de una visión general del libro y de los temas y enseñanzas principales según van apareciendo a lo largo de los capítulos del Apocalipsis.

Algunas de estas preguntas han sido publicadas en periódicos católicos como el *Visitante Dominical, El Católico de Texas* y el *Today's Catholic,* por lo que se notará que algunas enseñanzas se repiten en varias preguntas; no he querido cambiarlas o eliminarlas ya que algunos de los principios claves para el entendimiento correcto del libro nunca se repetirán lo suficiente para desterrar los prejuicios de la gente.

1.

¿Qué es el Apocalipsis y qué es lo apocalíptico?

El Apocalipsis es el último libro de la Biblia. Para las personas que no conocen muy bien la Biblia, el Apocalipsis parece ser un libro único en su estilo y contenido; es totalmente distinto de los otros libros bíblicos. Sin embargo, ya en el Antiguo Testamento nos encontramos con un "apocalipsis" —el libro de Daniel— que está escrito en estilo apocalíptico; además, en los profetas encontramos algunas secciones cortas escritas en el mismo estilo apocalíptico: Is 24-27; Ez 40-48; Zac 9-14, etc.

En el Nuevo Testamento, es fácil recordar que Jesús, los evangelistas y San Pablo hablaron en un estilo semejante al referirse al "final" del mundo y a la destrucción de Jerusalén (ver Mt 24-25; Mc 13; Lc 21; 1 Tes 2,1-12; 4, 5-17; 2 Tes 2,1-12; 1 Co 15,20-28; 2 Co 5,1-5; 2 Pe 3,1-13).

En la literatura apócrifa (en los libros no inspirados) encontramos numerosos libros apocalípticos: Henoc, Jubileos, Testamento de los Doce Patriarcas, Los Salmos de Salomón, La Asunción de Moisés, Los Libros Sibilinos, Esdras IV, Apocalipsis de Baruc, Apocalipsis de Pedro, El Pastor de Hermas, etc. En estos libros apocalípticos no inspirados pueden verse muchas semejanzas con las secciones apocalípticas de la Biblia y nos ayudan a entenderlas dentro del ambiente cultural en el que se escribieron.

El Apocalipsis y lo apocalíptico es sobre todo una manera de pensar, una manera de escribir y una manera de ver los acontecimientos de la historia: estamos ya en el tiempo final o escatológico; lo eterno ha comenzado a suceder; se están rompiendo las barreras que separan el cielo y la tierra; los cristianos experimentan en carne propia la lucha religiosa y social entre el bien y el mal, pero ya comienzan a vivir en la ciudad celestial; la perseverancia y fidelidad son garantías de victoria.

La narración apocalíptica hace uso de imágenes y categorías del Antiguo Testamento, especialmente de los profetas y del Exodo. Los libros apocalípticos aparecen en un período determinado de la historia de Israel y del cristianismo (de 200 a.C. hasta 200 A.D.); pertenecen a un tiempo de sufrimientos, persecuciones y calamidades cuando aparentemente triunfaba el poder del mal, y parecía que los esfuerzos humanos por la liberación eran ineficaces o estaban destinados a fallar.

En aquellas condiciones difíciles, los autores apocalípticos presentaban a Dios como el campeón de su pueblo, fuente de esperanza y certeza para el futuro; soñaban en mensajes de esperanza y salvación para sobrevivir, resistir al mal y aguantar la dureza del presente.

El autor del Apocalipsis subraya repetidamente que el triunfo del Reino de Dios en la historia se ha dado y se dará en el Cristo triunfador. Había que soñar acerca de un orden nuevo en el mundo, sobre todo para resistir al "orden" aplastador del imperio romano que oprimía a los pueblos. En tiempos difíciles de la historia a lo largo de los siglos, cuando la gente se siente aplastada o en peligro mortal, el Apocalipsis vuelve a convertirse en un libro popular para muchos, ya que sin saberlo ellos, este libro se escribió precisamente para cristianos en esas circunstancias.

Los libros apocalípticos se distinguen frecuentemente por su visión pesimista de la historia que es dividida en dos grandes eras o períodos, el presente malo y el futuro ideal; describen grandes catástrofes que afectan a todo el universo y que preceden al establecimiento del Reino de Dios en el mundo. Los apocalípticos cuentan muchas visiones y revelaciones que sirven para subrayar la veracidad de lo que se dice; además, tienden a proponer un dualismo ético, ya que todo es o bueno o malo, blanco o negro, sin medias tintas.

Como los antiguos profetas, los apocalípticos narran acciones simbólicas y anuncian oráculos y amenazas; es frecuente encontrar en ellos luchas —a veces míticas— entre las personificaciones del bien y del mal; para ellos, lo que sucede en la tierra es muchas veces reflejo de lo que sucede en el cielo. Muchos de estos elementos se encuentran ya en el Antiguo Testamento, especialmente en los profetas.

Los libros apocalípticos son casi siempre "anónimos", porque generalmente un autor posterior quiere ocultarse detrás de algún autor famoso del pasado para así dar más autoridad a su obra; el autor finge vivir en tiempos pasados y "anuncia lo que va a suceder" que en realidad había sucedido ya; por ello, cuando describen cosas verdaderamente anteriores a su tiempo, los autores suelen ser relativamente exactos (aunque su vocabulario muchas veces los traiciona y los revela como autores de una época posterior); pero cuando comienzan a hablar del presente y de lo que es verdaderamente futuro, recurren a generalidades. Los lectores que suponían que el autor vivió en el pasado, al leer sus "predicciones", se sentirían impresionados y animados a creer las buenas noticias que el autor anunciaba para el futuro.

Así, el autor del libro de Daniel, que realmente escribió hacia 165-164 a.C., finge vivir en Babilonia en el año 538 a.C. El autor del Apocalipsis de San Juan probablemente escribió hacia el año 95, pero finge estar escribiendo en tiempos del emperador Vespasiano, hacia el año 75; por ello, hace alusiones bastante claras a los sucesos de los reinados de Vespasiano, Tito y Domiciano (años 69-95), que para sus lectores parecerían profecías "cumplidas" que indicaban que el resto se iba a cumplir igualmente.

2.

¿Por qué llamamos los católicos Apocalipsis al libro que los protestantes llaman Revelación?

Todo es cuestión de nombres y de palabras. *Apocalipsis* es una palabra griega que significa quitar el velo o "revelación", siendo esta última una palabra latina. El libro comienza con la palabra *Apocalipsis*; antiguamente, cuando un autor no ponía título a su obra, se le daba el título de la palabra o palabras con que comenzaba el libro. Hasta ahora, muchos documentos de la Iglesia (e.g. del Vaticano II y de las Cartas Encíclicas de los Papas) llevan como título las palabras con las que comienzan: *Dei Verbum, Gaudium et Spes, Humanae Vitae, etc.*

El autor del Apocalipsis llama a su obra "profecía", pero algunos especialistas hacen notar que el comienzo y el final del libro son semejantes a las epístolas o cartas que encontramos en el Nuevo Testamento.

El último libro de la Biblia, en círculos católicos, ha sido llamado tradicionalmente Apocalipsis. En nuestros días, especialmente en algunos círculos no católicos, se va poniendo de moda llamarlo "Revelación". Esta palabra es traducción exacta de la palabra griega *Apocalipsis*, pero tiene la desventaja de poder llevar a creer a los lectores poco informados que en el libro de la "Revelación" van a encontrar una clase de revelación especial o diferente de la que encontramos en los demás libros de la Biblia. Hay personas que erróneamente consideran que este libro es una fuente especial de "revelaciones" de sucesos espectaculares especialmente en lo que se refiere al fin del mundo.

No hay dificultad en que se le llame a este libro con cualquiera de los dos nombres, aunque es importante que el lector no se deje engañar y crea que este libro contiene una revelación superior a la de los demás del Nuevo Testamento.

Hay que tener presente que el Apocalipsis no es un libro especial porque contenga "informaciones" especiales para los fieles, sino porque contiene "desafíos" especiales para la vida. Su mensaje clave es desafiar a los cristianos a permanecer fieles en la fe en medio de las adversidades y persecuciones, aun cuando las cosas aparezcan terriblemente negras. Al final del túnel les espera la luz brillante de la victoria con Cristo.

El imperio romano parecía tener un poder supremo e irresistible; los romanos lo consideraban divino. Los emperadores llegaron a considerarse dioses. El autor del Apocalipsis quiere que sus lectores cristianos no le tengan miedo a ningún poder absoluto que esclaviza a los pueblos; quiere que lo critiquen y que trabajen para crear un orden nuevo en el respeto y la hermandad de los pueblos.

3.

Si el apóstol San Juan escribió el cuarto Evangelio y el Apocalipsis, ¿por qué son tan diferentes?

Desde los principios del cristianismo se vieron bien claramente las grandes diferencias entre el Apocalipsis y el cuarto Evangelio. A pesar de ello, hubo una tradición persistente que atribuyó ambas obras al mismo autor, el apóstol Juan, hijo de Zebedeo; luego se pensó que por lo menos uno de estos dos libros no fue escrito por el apóstol San Juan ya que "Juan" era un nombre muy común en aquella época, por lo que es posible que hubiera confusión de nombres y personas.

Al principio hubo cristianos que no aceptaban la inspiración del Apocalipsis. Es bastante extraño que si el autor era un apóstol su doctrina hubiera sido rechazada por algunos sectores de la Iglesia; de todas formas, el autor era una persona bien conocida en la comunidad cristiana y debió ser persona importante ya que las autoridades romanas lo señalaron especialmente para el destierro.

Algunos Padres de la Iglesia pensaron que en las iglesias de Asia vivió a finales del siglo I un personaje importante conocido como Juan "El Presbítero" a quien le atribuyeron el cuarto Evangelio, mientras que el Apocalipsis fue atribuido al apóstol San Juan. Pronto se generalizó esta opinión que persistió hasta el siglo XVI de que los dos libros salieron de la misma mano del apóstol.

Más tarde se ha llegado a pensar, con mayor probabilidad, que ninguno de los dos libros salió de las manos del apóstol, ya que el autor del Apocalipsis, más que como una persona revestida de autoridad apostólica, aparece como un coordinador de las comunidades cristianas, compañero animoso y valiente de sus lectores, que se había enfrentado a la persecución.

Hay algunos autores modernos que atribuyen el Apocalipsis a otros autores, por ejemplo a Juan Bautista o a uno de sus discípulos, especialmente porque Jesús es presentado como "el que ha de venir"; estas palabras son las que usa Juan Bautista al referirse a Jesús en los Evangelios (ver Jn 1,27.30; Mt 3,11; 11,13; Ap 1,4.8).

Hoy se habla mucho de una "escuela", círculo, tradición, secta o comunidad, que fue responsable de la teología de los dos libros principales atribuidos a San Juan. Estos habrían sido escritos por dos individuos muy diferentes, aunque de la misma escuela, que escribieron a 20 años de distancia el uno del otro, después de un gran cambio en las circunstancias y en los problemas de los lectores: el problema inicial sobre la identidad cristiana "interna" de los lectores y los problemas posteriores ocasionados por la persecución externa.

El Apocalipsis hace notar que las iglesias de Efeso, Sardes y Laodicea habían perdido su fervor inicial lo que indica que había pasado algún tiempo desde su conversión al cristianismo; además, el lenguaje griego del Apocalipsis es relativamente pobre, por lo que se ha pensado que sería la segunda lengua del autor.

Aunque las grandes diferencias entre los dos libros parecen pedir autores diferentes, es probable que el apóstol San Juan de algún modo inspiró de algún modo los libros, ya que fueron escritos por personas que probablemente conocieron bien su pensamiento.

Es bastante extraño que en el Apocalipsis no aparezcan algunas palabras griegas que son especialmente usadas en el cuarto Evangelio, tales como "verdad", "vida eterna", "permanecer", "tinieblas", y "creer". A pesar de todo, los dos libros presentan la misma Buena Nueva, aunque con diferente ropaje.

Hay una profunda semejanza en imágenes y simbolismo entre el cuarto Evangelio y el Apocalipsis, pero esta semejanza no aparece claramente en una lectura rápida o superficial de las obras. Los dos libros parecen venir del mismo ambiente, aunque en el Apocalipsis pueden verse reflejos de la teología de San Pablo que era bien conocida en Efeso y en las comunidades vecinas.

Algunos han tratado de contrastar las escatologías de las dos obras, señalando que el cuarto Evangelio propone una escatología realizada (el juicio, la salvación y la vida eterna se dan con la venida de Jesús, a partir de "su Hora") mientras que en el Apocalipsis se propondría una escatología futura. Sin embargo, la lectura atenta del Apocalipsis mostrará que el autor está proponiendo una escatología casi idéntica a la del Evangelio.

El Apocalipsis y el Evangelio de San Juan tienen grandes semejanzas en su teología y a veces se complementan admirablemente cuando se tiene en cuenta que lo que uno narra teológica e "históricamente" el otro lo narra apocalípticamente, por medio de visiones y símbolos; esto se ve de una manera especial en la presentación del Calvario en el Evangelio y en la visión de la mujer y el dragón en el Apocalipsis.

El Evangelio se centra en la "vida" y la persona de Jesús como modelo de la personalidad del creyente, mientras que el Apocalipsis se centra en la figura del Jesús glorioso y triunfador como modelo y raíz de la esperanza del creyente.

4.

¿Por qué es el Apocalipsis tan diferente de los demás libros?

El libro del Apocalipsis es diferente de los demás libros de la Biblia más por su estilo literario que por su contenido doctrinal. De los 404 versículos del Apocalipsis, más de la mitad de ellos tienen alusiones a textos, imágenes o figuras, del Antiguo Testamento. Se podría decir que el autor ha creado un mosaico nuevo con las piedrecitas de muchos mosaicos viejos.

En el Apocalipsis no hay más que una referencia directa a un texto concreto del Antiguo Testamento (Ap 13,3), pero aun ese texto no contiene una cita directa y literal sino que está compuesto por una mezcla de varios textos. Algunos han llegado a ver en el Apocalipsis una interpretación cristiana del Antiguo Testamento. Hay que decir que el Apocalipsis hace también una nueva interpretación del Nuevo Testamento para las circunstancias de la Iglesia naciente.

El autor del Apocalipsis hace alusiones a algunos temas básicos del Nuevo Testamento, poniendo en lenguaje simbólico pero tangible lo que los sermones escatológicos de los Evangelios sinópticos pusieron en forma general y abstracta (ver Mc 13 y Lc 21). Los libros más aludidos en el Apocalipsis son los del Exodo, Ezequiel, Zacarías, Daniel, Génesis, Deuteronomio, Números, Salmos, Amós e Isaías. Entre los contactos más destacados del Apocalipsis con el resto de la Biblia, los siguientes son los más importantes:

- Vocación, misión y visiones: generalmente el autor se inspira en Is 6, Jer 1 y Ez 5-20. La visiones de los siete sellos, con las calamidades que provocan, parecen explicar el sermón de Mc 13 y sus paralelos sinópticos. La visión de las trompetas tiene gran relación con el Exodo. El profeta Zacarías da el material para las visiones de los cuatro caballos, la mujer pecadora y los cuernos. La visión del rollo escrito (Ap 10,8-11) está inspirada en Ez 3,1-13.
- Las siete cartas a las iglesias: en su contenido y forma son oráculos apocalípticos que se asemejan a los oráculos de los profetas.

- Los castigos y las plagas: generalmente se inspiran en las plagas de Egipto (Ex 7-10), en la destrucción de Sodoma y Gomorra (Gén 18-19) y en la caída de Babilonia (Is 13).
- Las bienaventuranzas y las maldiciones: se inspiran en las bendiciones y maldiciones de Dt 28 y también en los Salmos y en los Proverbios.
- Los elementos litúrgicos: el templo, altar, tabernáculo, trompetas, humo, fuego, incienso y truenos están generalmente tomados del libro del Exodo.

5.

¿Por qué es el Apocalipsis un libro tan intrigante?

Bastante gente considera el Apocalipsis como un libro especialmente intrigante porque lo ve como una "profecía" de acontecimientos terribles o espectaculares que van a suceder en un futuro cercano, o que están sucediendo y que en parte han sucedido ya.

Hay otros que miran al Apocalipsis como si fuera un rompecabezas cuya clave ha estado oculta durante 2.000 años y que ahora comienza a descifrarse por primera vez; para agravar la situación, ellos creen que son los únicos que tienen la clave "misteriosa" del libro. Otros lo consideran como el libro de los siete sellos que es casi imposible de descifrar.

Ciertamente el Apocalipsis es un libro que desafía a la imaginación. Por esto, unos se niegan a leerlo o a prestarle demasiada atención mientras que otros encuentran delicia en ejercitar su imaginación y satisfacer su curiosidad tratando de adivinar el futuro de nuestra historia.

Bastantes predicadores evangélicos de nuestro tiempo, especialmente los que trabajan en la televisión, al hacer sus interpretaciones del Apocalipsis, hacen gala de su imaginación, a veces por cierto bien alocada, sin respeto al

13

resto de la Biblia, al sentido común y a los sucesos de nuestra historia. Algunos de estos predicadores frecuentemente juegan con la ignorancia de la gente; además, explotan el *"amor al miedo"* que parece existir en nuestra cultura. Así, mientras a unas personas les gustan las películas que dan miedo, a otras les atraen los predicadores que espantan con sus predicciones, porque en el fondo están convencidas de que el mal no les va a afectar a ellas personalmente. Los males que esos predicadores anuncian son para "los malvados", que para ellos son los que no pertenecen a sus grupos evangélicos; a los oyentes les gusta oír el anuncio de males que no les van a suceder a ellos sino a "los otros".

Varias sectas (testigos de Jehová, adventistas) han tratado repetidas veces de hacer cálculos sobre el fin del mundo, equivocándose cada vez y teniendo que ajustar sus cálculos. Ya en tiempos de San Pablo había cristianos alborotados y alborotadores que creían en la inminencia del fin del mundo, pero San Pablo los corrigió insistentemente (ver 2 Tes 2,1-3). Hay que tener siempre bien presente que Jesús no vino a revelarnos *el fin* del mundo sino *la finalidad* del mundo según los planes de Dios. El libro del Apocalipsis, como la mayor parte de los textos de los profetas, más que mirar al futuro mira a un presente que hay que cambiar y en el que hay que luchar por la justicia y la libertad de los oprimidos, para crear un futuro y un mundo nuevo.

Los libros apocalípticos en general fueron difíciles de entender para los contemporáneos de los autores; por eso solamente el libro de Daniel fue aceptado entre las Escrituras judías del Antiguo Testamento, y solamente el Apocalipsis de San Juan entre los escritos cristianos del Nuevo Testamento. Quizá esto se debió a que los libros se escribieron para comunidades selectas y en cierto modo aisladas de la corriente cultural general; en los círculos limitados para los que se escribieron los libros apocalípticos, estos gozaron de relativa popularidad durante el período entre los dos testamentos; entre los manuscritos del mar Muerto, de

Qumran, se han encontrado ocho copias del libro de Daniel, lo cual indica la importancia de este libro para aquella comunidad del desierto.

El Apocalipsis fue escrito en un período cuando la Iglesia recién nacida estaba experimentando las primeras persecuciones sangrientas del imperio romano. El autor hacía alusión a acontecimientos que estaban sucediendo en su tiempo y que los lectores cristianos conocían muy bien. Por ello, los cristianos entendían bien lo que les decía, teniendo en cuenta que les hablaba más al corazón y a la voluntad que al cerebro.

Las persecuciones de los cristianos son parte del plan de Dios; los cristianos están llamados a luchar para transformar un mundo que se aferra a sus intereses y al pecado y que les va a hacer la guerra; no tienen que espantarse por las pruebas, porque el mal será vencido con el poder de Dios.

El Apocalipsis tenía por fin animar a los lectores cristianos a resistir confiadamente a los poderes del imperio romano. Si el libro caía en manos de los perseguidores, estaba escrito de tal modo que estos no se dieran cuenta de su gran alcance subversivo contra el poder establecido. A nosotros debería quizás intrigarnos cuáles son los poderes actuales que se hacen herederos de la maldad de los primeros perseguidores de la Iglesia.

Conviene recordar una vez más que Juan se enfrentaba directamente al imperio que proclamaba dios al emperador, dándole títulos blasfemos; en nombre de una falsa divinidad explotaba y oprimía a los pueblos. Los cristianos, tarde o temprano, tenían que declararse enemigos mortales del sistema imperial. Por ello, el imperio romano que era tan tolerante con todas las religiones de los pueblos conquistados tuvo que mostrarse inexorable y cruel con el cristianismo. La nueva religión atacaba los derechos "divinos" del imperio, y trataba de crear una sociedad nueva; las comunidades cristianas eran el modelo y el futuro de la nueva sociedad que había que crear.

6

Si el Apocalipsis es una "profecía", ¿qué es lo que anuncia?

Esta pregunta parece suponer o reflejar lo que expresan algunos predicadores y evangelistas de la televisión que piensan en anuncios para el futuro y que gustan presentar su propia visión "religiosa" de la historia. Esta visión ordinariamente propone el llamado "dispensacionalismo", una teoría según la cual la historia de la humanidad se divide en siete etapas, eras o "dispensaciones", en las cuales ha ido cambiando la manera en la que la providencia de Dios ha guiado a la humanidad desde la creación.

El libro del Apocalipsis tiene una importancia especial para los dispensacionalistas, ya que, según ellos, habla exclusivamente de lo que va a suceder en el futuro. Para ellos el autor del Apocalipsis fue una especie de "adivino" que anunció lo que iba a suceder en el futuro más remoto.

El dispensacionalismo tiene su atractivo especialmente para la gente de conocimientos religiosos superficiales; la división de la historia de la salvación en siete etapas les puede parecer científica y bien pensada, pero a nivel crítico no pasa de ser más que un simple y pobre —muy pobre— esbozo de la historia sagrada que revela una gran falta de conocimiento de la mentalidad bíblica. Hay mejores modos de presentar y dividir la historia bíblica (como puede verse en muchos manuales de estudio bíblico), y cualquiera que conozca la Biblia un poco, puede hacerlo mejor que el viejo sistema dispensacionalista.

El dispensacionalismo como sistema "moderno" (porque en diversas formas ha existido ya desde mucho antes) de dividir e interpretar la Biblia fue propuesto por John Nelson Darby (1800-1882) en Inglaterra. Desde el comienzo pareció atrayente más por su simplicidad que por corresponder a la realidad histórica. Según el dispensacionalismo, la historia de la salvación, desde el comienzo del mundo hasta su consumación, pasa por siete épocas o dispensaciones cuyos nombres más comunes son:

1. **Inocencia** - El período del paraíso con Adán y Eva hasta el pecado original.
2. **Conciencia** - La humanidad después del paraíso.
3. **Gobierno humano** - Los hombres se dominan unos a otros y comienzan a dominar a la naturaleza (Diluvio y Torre de Babel).
4. **Promesa** - Abraham y los Patriarcas.
5. **La Ley** - La Alianza de Dios con su pueblo en el monte Sinaí hasta la muerte de Cristo.
6. **La Iglesia** - Desde la resurrección de Jesús hasta nuestro tiempo.
7. **El Reino** - El Milenio: tiempo de triunfo de los buenos que está a punto de comenzar; en esta época se acabarán de cumplir las promesas del Antiguo Testamento.

Los católicos, como muchos otros cristianos, creen que Jesús trajo ya el cumplimiento de todas las profecías y promesas, y que el tiempo de la promesa, como nos enseña San Pablo, fue todo el Antiguo Testamento, no sólo el tiempo de los patriarcas; las tres primeras etapas del fundamentalismo simplemente son bastante arbitrarias. Además, el Reino de Dios ha llegado ya y está entre nosotros desde que Jesús comenzó su misión, y especialmente desde su muerte en la cruz que nos ha traído la liberación eterna.

Hay que tener presente, contra los dispensacionalistas, que no existe una ruptura entre los períodos de la Promesa la Ley y la Iglesia, sino que existe una gran continuidad de revelación entre ellos, porque el Dios que de muchos modos había hablado por medio de los patriarcas y profetas en el Antiguo Testamento, habló al final por medio de su Hijo. Finalmente la verdad bíblica se nos ha dado para desafiar nuestra vida y para llamarnos a una conversión profunda, y de ningún modo para que entretengamos nuestra mente o curiosidad con cálculos y visiones imaginarias.

Como "profecía", el Apocalipsis afirma una fe y un modo de creer en Dios en medio de ciertas circunstancias concretas de la vida. El autor del Apocalipsis quería afirmar la supremacía de Dios contra la supremacía romana; la grandeza de las comunidades cristianas contra la grandeza de la vida y civilización romanas. El mundo romano estaba destinado al fracaso. El futuro estaba de parte de los cristianos y de su modo de vivir.

7.

¿Cuál es el mejor modo o método para estudiar el Apocalipsis?

Para un estudio personal e individual del Apocalipsis, no recomendaría un método diferente del que se use para estudiar, leer o meditar, otros libros de la Biblia. Hay que verificar las alusiones al Antiguo Testamento y los textos paralelos que hablen de los temas concretos del Apocalipsis. Además, habrá que preguntarse siempre qué significa cada texto a la luz del Evangelio y del resto del Nuevo Testamento, o cómo aparece una doctrina concreta en los Evangelios, como por ejemplo la enseñanza sobre el "fin" del mundo.

Para sacar más fruto de la lectura y del estudio, hay que leer con atención las introducciones a cada libro, y las notas que explican los versículos difíciles; además, es importante consultar un libro de referencia o comentario serio sobre el libro que se estudia, sobre todo los comentarios escritos por autores católicos especialistas en Sagrada Escritura. Sin embargo, es conveniente recordar que es mejor estudiar la Sagrada Escritura con un grupo de estudio bíblico o en comunidad, y sobre todo el libro del Apocalipsis, ya que así se pueden evitar mejor las interpretaciones privadas exaltadas.

Para ayudar al grupo de estudio se pueden tomar algunas medidas para que los miembros participen activamente en el estudio y en el proceso de interpretación:

- Los miembros del grupo pueden tratar de visualizar las visiones, dibujándolas y pintándolas a todo color; se le puede pedir a los participantes que se sientan libres para añadir detalles y dimensiones. Luego hay que pedirles que traten de explicar el dibujo que hayan hecho y que no tengan miedo de usar su imaginación y creatividad al hacerlo. Hay que fijarse primero en la visión en su conjunto y luego en sus detalles.
- Leer los textos en alta voz, en tono declamatorio. Los himnos y las aclamaciones se leerán en grupo. Cada miembro del grupo dirá a continuación qué es lo que encuentra más hermoso o aleccionador en el texto leído, y qué desafío especial ve en él para reformar nuestra vida cristiana.
- Dramatizar las descripciones de las visiones y de las liturgias celestiales; usar gestos corporales.
- Escuchar música relacionada con textos del Apocalipsis, p. ej.: 11,19.
- Examinar y analizar pinturas de artistas sobre temas del Apocalipsis.

No hay manera fácil de estudiar ningún libro de la Sagrada Escritura, ya que todos los libros provienen de una cultura lejana a la nuestra. La aplicación de los textos a nuestra vida y el esfuerzo por identificarse con los lectores originales puede ayudar a ver dimensiones nuevas. Siempre serán necesarios la lectura y el estudio de materiales y obras sobre el libro, escritos por autores expertos en la materia.

8

¿Qué hay que tener en cuenta para entender mejor el Apocalipsis?

En primer lugar es de aconsejar a cualquier lector que esté consciente que tiene en sus manos un libro que su autor llama "profecía" (ver Ap 1,3; 10,7; 11,18; 22,6.9.18). El Apocalipsis no es un libro de revelaciones secretas, sino una profecía que denuncia las explotaciones y opresiones humanas, especialmente de aquellas que se revisten del manto de lo sagrado. El Apocalipsis llama a una conversión personal y a un cambio de estructuras; la "bestia" con sus instituciones debe ser derribada.

Ya desde el principio, el Apocalipsis fue difícil de interpretar por lo peculiar de sus imágenes, simbolismo y mensaje. Estamos a 20 siglos de distancia de un autor que escribió con un lenguaje simbólico que probablemente sólo era accesible con facilidad para los lectores de algunas iglesias de Asia. Por ello, será bueno que el lector procure de antemano familiarizarse con el simbolismo bíblico en general. El lector deberá usar mucho su imaginación, ya que el autor repite innumerables veces las palabras *como* y *semejante a* (*"vio como un mar de cristal;.... oyó una voz como de trompeta"*) indicando que sus descripciones no hay que tomarlas al pie de la letra. Muchas veces una imagen o un símbolo hacen entender una realidad mucho mejor que las palabras abstractas, especialmente cuando esa realidad es misteriosa o es un misterio.

Es importante para el lector tener presente que el Apocalipsis muchas veces ofrece una como vista panorámica anticipada de lo que después va a describir en detalle o paso a paso. Como referencia para entender esto, uno podría pensar en un paisaje amplio que se ve en la televisión al principio de un programa y del que luego se pasa a ver más de cerca una sección pequeña y detallada del mismo. Así, el capítulo 12 del Apocalipsis globaliza y anticipa lo que se va a narrar detalladamente en el resto del libro; el texto de 11,19 prepara el de 15,5-7; 14,6-12 anticipa lo que se describirá en 15,1-16,21; 16,19 mira a 17,1-19; 17,14 anuncia el texto de 19,11-16, etc.

El lector deberá también tener presente las circunstancias y los problemas de las iglesias para las que escribía el autor. El problema principal era cómo ver el plan y la mano de Dios en la persecución de los cristianos por las autoridades imperiales que llegaron a declarar a los cristianos ciudadanos ilegales del imperio romano, que se consideraba omnipotente y eterno. Como dijo un gran autor alemán, el Apocalipsis es un libro de su tiempo, escrito en su tiempo y para su tiempo, no para generaciones lejanas; el conocer la historia del final del siglo I puede ayudar a clarificar bastantes puntos oscuros del Apocalipsis.

El Apocalipsis se escribió en tiempos del emperador romano Domiciano, a fin es del siglo I, pero su significado (como el de los Evangelios y el de las epístolas de San Pablo) es válido para todo tiempo; en cierto modo, el libro es profético porque es como una parábola de la historia con valor y significado para todos los siglos. Hay que ver en él alusiones a acontecimientos de su época a los que el autor hace referencia pasándolos por el filtro de su interpretación.

Como en la interpretación de todo texto bíblico, lo que el lector aprenda del texto dependerá de las preguntas que haga al texto. De modo paralelo, conocer a una persona no depende principalmente del tiempo que se viva con ella, sino del tipo de diálogos y conversaciones que se tengan con esa persona; es posible vivir por muchos años con una persona sin conocerla realmente. Al leer el Apocalipsis hay que hacerse tres preguntas claves, válidas para cualquier texto bíblico:

1) ¿Qué dice realmente el texto?
2) ¿Qué decía a los contemporáneos del autor?
3) ¿Qué nos dice hoy a nosotros y cómo nos desafía?

El Apocalipsis, con su arte y simbolismo, ha sido mejor entendido por los artistas que por los teólogos; pintores como Dalí y músicos como Handel lograron captar mejor el espíritu del libro. El tener una vena de imaginación y de artista ayuda a comprender mejor este libro.

9.

¿Cuál es la doctrina oficial de la Iglesia católica sobre el libro del Apocalipsis?

No hay doctrinas especiales de la Iglesia católica que traten directamente del Apocalipsis; de hecho, para la Iglesia, el estudio y la interpretación de los Evangelios tiene mucha más importancia; ante todo, la Iglesia pide que se use el sentido común.

En los primeros siglos de la Iglesia algunos cristianos tuvieron dificultad para aceptar el Apocalipsis como libro revelado, igual que los demás libros del Nuevo Testamento. En el *Fragmento Muratoriano*, del siglo II, que describe los libros que la Iglesia aceptaba como inspirados, dice: *"Solamente aceptamos los Apocalipsis de Juan y de Pedro, aunque algunos de los nuestros no quieren que se lean en la iglesia"*. Es importante notar que en algunas listas primitivas del canon del Nuevo Testamento el Apocalipsis no se menciona: La Catequesis de San Cirilo de Jerusalén del año 348 y el Concilio de Laodicea del año 360.

En el capítulo cuarto de los decretos del Cuarto Concilio de Toledo del año 633 A.D., se prescribe: *"El Apocalipsis debe ser aceptado como un libro divino ya que está respaldado por la autoridad de muchos concilios y por los decretos de los santos sínodos de Roma que lo atribuyen al evangelista San Juan... Si en adelante alguien se niega a aceptarlo, o en el tiempo de Pascua hasta Pentecostés no lo predica en las Misas, será sometido a la excomunión"*.

En la Edad Media, en los siglos XIII y XIV, se condenaron interpretaciones históricas como las de Joaquín de Fiore (+ 1202) y de Nicolás de Lira (+ 1340); veían profetizados en el Apocalipsis siete períodos de la historia de la Iglesia. Como muchos modernos, especialmente los dispensacionalistas, algunos en la Edad Media querían ver alusiones directas y exclusivas a sucesos de su tiempo; pero no tenían en cuenta ni la naturaleza de la profecía bíblica ni la dimensión literaria del estilo apocalíptico.

El milenarismo ha encontrado oposición de la Iglesia desde los tiempos más antiguos. El milenarismo, el supuesto reinado de Cristo en la tierra con los elegidos —especialmente con los mártires— durante 1.000 años, es una modificación de la creencia judía sobre el pueblo escogido que viviría un tiempo ideal futuro en el que había de dominar a los pueblos y regir el mundo; el milenarismo, también llamado quiliasmo, fue propuesto en diversos grados por algunos Padres de la Iglesia (Justino, Ireneo, Hipólito).

El milenarismo fue condenado oficialmente en el Tercer Concilio Ecuménico de Efeso, en el año 431. En el siglo XX el milenarismo ha vuelto a levantar cabeza en muchos círculos protestantes y en algunos católicos; el Santo Oficio, actualmente la Congregación romana que cuida de la pureza de la fe, declaró oficialmente que el milenarismo no puede ser enseñado sin peligro, aunque no lo condenó directamente: *"En estos últimos tiempos más de una vez se ha preguntado a esta Sagrada Congregación del Santo Oficio sobre qué hay que pensar del Milenarismo mitigado, que enseña que Cristo el Señor antes del Juicio Final, ya se dé antes o no la resurrección de muchos de los justos, vendrá visiblemente a la tierra para reinar.*

Habiendo examinado este tema en la reunión plenaria el miércoles, 19 de Julio de 1944, los eminentísimos y reverentísimos señores cardenales encargados de vigilar por la pureza de la fe y de las costumbres, después de escuchar la opinión de sus consultores, decretaron responder: el sistema del milenarismo mitigado no puede ser enseñado sin peligro".

24

La Iglesia quiere que en el estudio del Apocalipsis se tenga más cuidado en usar el sentido común, tener en cuenta las enseñanzas de los Padres de la Iglesia, la Analogía de la Fe (en la Biblia no hay contradicciones en materia de fe ya que Dios es su autor), y el gran contexto bíblico. Es importante, en este libro mucho más que en otros, tener en cuenta el género literario lleno de simbolismos que el autor empleó.

El Apocalipsis debiera ser visto a la luz del resto de la revelación cristiana y no como si fuera un libro aislado y exótico; su interpretación y simbología debiera hacerse a la luz del resto de la simbología de los demás libros de la Biblia, especialmente de los profetas y del Exodo.

10.

Las visiones del Apocalipsis de San Juan, ¿fueron reales o sólo imaginarias? ¿De dónde sacó sus imágenes?

Se podría muy bien decir que San Juan no tuvo más que una visión; ésta fue su visión de la vida cristiana en medio de un mundo hostil. Juan, como los profetas del Antiguo Testamento, era un hombre de visión mucho más que un hombre de visiones; como ellos, San Juan escribe acciones simbólicas y oráculos proféticos a través de las cuales comunica su enseñanza.

No hay que suponer que San Juan se estuvo todo un domingo por la tarde o noche viendo una especie de película monumental y espectacular de cinerama, que luego pasó a describir de memoria con todo detalle; Juan escribió el guión de la película haciendo una reelaboración de toda clase de elementos tomados del Antiguo Testamento. Los fundamentalistas no tienen dificultad para imaginarse una visión larga y espectacular, ya que su credulidad parece no tener límites.

San Juan escribe el Apocalipsis de modo semejante al de otros autores apocalípticos; estos escribían en una mesa o "escritorio" rebuscando y refinando imágenes bíblicas, adaptándolas con imaginación a la situación crítica para la que escribían. Hay que tener presente sobre todo que San Juan escribe en el Apocalipsis algo que él ha vivido y ha visto que va sucediendo en la vida de la Iglesia. San Juan nos describe en el Apocalipsis su experiencia de la victoria de Cristo en la vida del cristiano y a lo largo de la historia, especialmente en medio de las discriminaciones y tensiones ocasionadas por la persecución del imperio romano.

San Juan describe la experiencia cristiana en medio de la persecución a la luz de las experiencias y de las vivencias del Pueblo de Dios del Antiguo Testamento, y a la luz del mensaje de Jesús. Por ello tomó las imágenes del Antiguo Testamento y les dio nueva vida y alcance, ya que la Nueva Alianza viene a desbordar y perfeccionar a la Antigua. El Dios que salvó a su pueblo oprimido en el Antiguo Testamento está viniendo a salvar a su pueblo del Nuevo Testamento; el futuro de los cristianos es victoria y liberación.

11.

¿Qué simbolismo tienen los números del Apocalipsis?

El Apocalipsis hace uso frecuente de la numerología, ya que tenía mucho significado para los contemporáneos del autor. Unos números eran considerados buenos, mientras que otros eran desgraciados o de mala suerte (como para muchos lo es hoy el número 13).

Los judíos creían que había valores escondidos en los símbolos numéricos, y habían desarrollado casi toda una ciencia llamada *Gematria* sobre los números que aplicaban a sus interpretaciones de la Biblia. Los principales números usados en el Apocalipsis, con significado simbólico, son los siguientes:

3 - (31 veces) participa de la perfección del número 7; grande, superlativo.

3¹/₂ - la mitad del 7, indica imperfección, brevedad, fallo, tiempo de prueba o de persecución. Tres años y medio duraron las tribulaciones que acompañaron al levantamiento de los hermanos Macabeos, de 168 a 165 a. C.

4 - (29 veces) - los cuatro puntos cardinales, mundo, universalidad.

6 - 7 menos uno, simboliza la imperfección y el fallo.

7 - (43 veces) - plenitud, perfección, totalidad.

10 - número completo, perfección.

12 - (22 veces) - 3 x 4 - perfección escatológica, Israel con las doce tribus, Pueblo de Dios.

24 - dos veces 12, representa la plenitud del Pueblo de Dios en la Iglesia.

42 - número de meses en tres años y medio, por lo que comparte el significado del 3¹/₂.

666 - tres veces "siete menos uno" denota la imperfección y el fracaso total.

777 - tres veces siete, representa la perfección y plenitud absoluta.

1.000 - multitud, gran cantidad, número incontable.

1.260 - número de días en tres años y medio; tiempo de tribulación o de prueba.

12.000 - número "ilimitado" y salvífico de los miembros del viejo Pueblo de Dios.

144.000 - doce elevado al cuadrado multiplicado por mil, es el número casi "infinito" y completo de los miembros del nuevo Pueblo de Dios.

¿Cuáles son otros símbolos principales del Apocalipsis?

Los autores apocalípticos usaban los símbolos para transmitir ideas y sentimientos. Hay ciertas experiencias espirituales y hasta humanas que son difíciles de describir en términos de otras experiencias y realidades humanas, por lo que es preferible describirlas por medio de imágenes como algunos escritores místicos cristianos hicieron con frecuencia. Los antiguos aztecas describían lo divino asociándolo con imágenes de flores y cantos, el *Floricanto*.

El autor del Apocalipsis mezcla generosamente colores, sonidos y objetos simbólicos, produciendo imágenes muy ricas pero imposibles de visualizar concreta y físicamente; los detalles de una visión no deben ser mirados aisladamente y menos tratar de visualizarlos. San Juan quería de algún modo presentar lo inimaginable para sugerirnos lo grandioso de lo divino.

Siguiendo la tradición del género apocalíptico, el autor del Apocalipsis hace uso especialmente de colores, objetos y animales simbólicos:

Colores:
Blanco - victoria, gloria, gozo, pureza.
Rojo - sangre, violencia, homicidio, venganza.
Negro - muerte, impiedad, mal.
Verde - muerte, cadáver en descomposición, peste.
Púrpura - lujo, magnificencia real.
Azul - pureza, transparencia, color del mar y del cielo.

Objetos:
Cinturón - realeza, sacerdocio.

Túnica talar - sacerdocio.

Corona - realeza, poder, victoria.

Palma - victoria.

Estrella - ángel, poder, líder de la comunidad.

Espada - guerra, juicio.

Trompeta - alarma, mensaje, llamada de atención, liturgia

Mirada - juicio.

Ojos - sabiduría, conocimiento.

Cuernos - fuerza, poder.

Alas - movilidad, protección.

Sellos - secreto, importancia, pertenencia.

Candelero - la comunidad, Israel.

Oro - calidad, preciosidad, valor.

Piedras preciosas - lujo, riqueza belleza.

Canas - sabiduría, eternidad.

Babilonia - ciudad opresora del Pueblo de Dios.

Nueva Jerusalén - nueva Sión, nuevo Pueblo de Dios.

Seres vivos:

Angeles - mensajeros de Dios, personificaciones de Dios y de fuerzas históricas y naturales.

Caballos - poder militar, invasión, rapidez.

Mujer - símbolo de un pueblo (judío, pagano, Iglesia).

Cordero - salvación, sencillez, humildad, sacrificio de Jesús, Día del Señor.

Bestia - imperio romano, emperador.

Dragón - serpiente, satanás.

León - valentía, crueldad, rey de los animales salvajes.

Oso - crueldad, fuerza.

Aguila - libertad, alcance, reina de las aves.

Toro - fortaleza, rey de los animales domésticos.

13.

¿Es el Apocalipsis un libro que nos habla de hechos históricos o que más bien anuncia lo que va a suceder al fin del mundo?

El autor del Apocalipsis, como dijimos, llama a su libro "profecía". Como todas las profecías y como los Evangelios y la Biblia en general, el Apocalipsis es un libro valioso para todo tiempo; es el patrón o el espejo en el que hay que ver los sucesos de todo tiempo. La profecía bíblica, mucho más que anunciar simplemente el futuro, anuncia la fe en la acción continuada de Dios en la historia, llamando a la conversión a las personas y trayendo la salvación y liberación a su pueblo oprimido.

Una profecía, aunque no se "cumpliera" en el futuro, seguiría siendo verdadera en cuanto es una afirmación de fe. Cuando Dios anuncia un castigo, no lo hace porque quiera castigar, sino porque quiere conversión; si la gente escucha el mensaje y se convierte, el castigo no viene. El anuncio profético, en ese caso, habría "cumplido" su propósito al empujar a la gente a la conversión; el castigo anunciado no vendría porque era secundario en el anuncio.

Sin embargo, como en el caso de los mensajes de los profetas, el autor del Apocalipsis escribía directamente para los lectores de su tiempo, y no para el futuro; quería darles esperanza para vivir y luchar en medio de dificultades y persecuciones. Los cristianos no podían reconciliarse con el poder opresor del imperio romano; tenían que resistirlo, llenos de esperanza en el triunfo final, con la ayuda de Dios. Como ya dijimos, un distinguido autor ha dicho que el Apocalipsis es un libro escrito *"en su tiempo, desde su tiempo y para su tiempo"*.

No hay que imaginarse, como algunos piensan hoy, que el Apocalipsis solamente ahora se está cumpliendo literalmente, porque estamos cerca del fin del mundo. En el pensamiento bíblico, el fin del mundo (pecador) llegó con la victoria de Cristo en el Calvario. La guerra entre el bien y el mal se decidió allí, aunque las batallas aún siguen. El demonio y los poderes del mal tienen la derrota final asegurada, aunque todavía pueden hacer daño a los que se descuidan. (Un ejemplo de nuestro tiempo que puede ayudar a entender esto puede ser muy bien el desembarco de los aliados en las playas de Normandía [Francia] durante la Segunda Guerra Mundial — el famoso "D-Day": La guerra se decidió en las playas. Los alemanes que no pudieron impedir el desembarco de los aliados no podrían impedir el avance hasta el fin; a partir de aquel día, la guerra estaba perdida, aunque continuaran las batallas hasta la derrota total).

Algunos creen, erróneamente, que el Apocalipsis fue malinterpretado durante siglos por los que creían que los suyos eran los últimos tiempos, y que solamente ahora, a fines del siglo XX, nosotros podemos interpretarlo bien porque ahora realmente estamos cerca del fin del mundo.

Hay que tener presente que al hablar de "los últimos tiempos", los autores bíblicos no hablaban de ellos en un sentido *cronológico* sino en un sentido *religioso y teológico*; se trata de la "calidad" o clase de tiempo en el que vivimos. Desde la venida de Jesús vivimos en un tiempo de urgencia y de vigilancia especial, en un tiempo de salvación y de liberación lleno de oportunidades y desafíos para el creyente, porque la revelación de Dios está siempre a la puerta de nuestra vida. La última Palabra de Dios, la Palabra final, nos la dio en el Calvario, el amor y el perdón sin límites a través de su Hijo. Allí se nos reveló el amor de Dios hasta su final.

El Apocalipsis es, en cuanto profecía, un libro para todo tiempo. Cada vez que una persona lee el Apocalipsis y se siente desafiada en su vida al llamado a la conversión, a la perseverancia y a la lucha, el Apocalipsis está produciendo frutos y es un libro vivo que se está "cumpliendo" o mejor dicho que está cumpliendo con su finalidad de provocar una respuesta en los lectores.

El Apocalipsis, lo mismo que otras secciones de la Biblia escritas en el mismo estilo, no nos habla del fin del mundo sino más bien de la finalidad del mundo. El mundo no va a terminar en una especie de accidente al chocar contra un tope. El mundo tiene dentro de si una finalidad que Dios va dirigiendo a lo largo de la historia. El Apocalipsis nos revela no el fin sino la finalidad de la historia vista desde la victoria de Cristo en el Calvario.

Dios quiere construir una ciudad nueva, la Ciudad de Dios, la Nueva Jerusalén, con la cual se llegue a la meta de la antigua creación. Nos toca a nosotros, inspirados en el Apocalipsis y en el resto de la Biblia, trabajar para que la ciudad de Dios sea una realidad entre nosotros, luchando contra las bestias y los totalitarismos que periódicamente levantan cabeza en la historia. Al final del libro nos describe poéticamente con rasgos hermosos la paz, hermandad y justicia que reinan en la nueva Ciudad de Dios.

El Apocalipsis nos da una idea de los obstáculos que habrá que vencer, con la ayuda de Dios, en ese proceso de construir una ciudad y un nuevo mundo, pero nos da la seguridad y la garantía del éxito.

Conviene recordar que aunque Jesús no se hizo zelota, no condenó a este grupo. San Pablo aconsejaba respeto a la autoridad (ver Rom 13,1), porque el cristianismo no iba a ser un movimiento político que trajera alternativas a los partidos políticos; pero el cristianismo deberá ser siempre un movimiento crítico y profético frente a todo poder arbitrario y absoluto que recurra a la represión y la opresión.

¿Cómo se relaciona el Apocalipsis con nuestra historia?

El Apocalipsis abarca toda la historia y no sólo un momento o período determinado de ella; es el libro de lo que sucedió, sucede y sucederá. El Apocalipsis nos presenta a Cristo como la clave para entender y juzgar la historia.

San Juan escribía en tiempos difíciles, cuando la historia parecía tener poco sentido. Vivían en un imperio que se creía divino, en apariencia muy sólido, pero que tenía no sólo los pies sino hasta la cabeza de barro.

El imperio imponía sus leyes opresoras sobre los pueblos y parecía triunfar sobre la naciente Iglesia; hasta lograba matar a los cristianos. En medio de esa situación, Juan se da cuenta de que el sacrificio de Jesús puede dar sentido a su vida; aprende también que el sacrificio lo hace a uno dueño de la historia. El que no teme a la muerte y está dispuesto a ir hasta el sacrificio, tiene todas las garantías de un vencedor.

La historia humana no depende simplemente de una serie de decisiones por parte de algunos poderosos; la historia está determinada por las decisiones de Dios. El cielo y la tierra son como dos áreas o regiones que están en comunión íntima; los sucesos de una repercuten en la otra. Los cristianos que conocen y abrazan las decisiones de Dios son los verdaderos guías de la historia.

Dios quiere que la historia vaya a su fin y que llegue a su finalidad creando una nueva humanidad, estableciendo relaciones humanas profundas basadas en los valores del Evangelio; para ello Dios cuenta con los cristianos que cooperen para llevar a cabo su obra. La historia marcha hacia la libertad de los Hijos de Dios desde los días del Exodo, a través de las caídas de Babilonia y de Roma, hasta llegar a la Jerusalén celestial en la tierra. Juan nos cuenta como sucedía esto en términos de los acontecimientos del siglo I; a nosotros nos toca descubrir la marcha de la historia de Dios en nuestro propio siglo, leyendo las señales de nuestros tiempos.

15.

¿Tiene algún significado especial la visión inaugural del Apocalipsis (Ap 1,9-20)?

La visión inaugural del Apocalipsis sirve de introducción a todo el libro en muchos sentidos. En primer lugar nos introduce al simbolismo que se desarrollará a lo largo del libro. Nos presenta a Jesús como el Señor de la gloria y de la historia, lo cual se hará evidente en cada capítulo del libro. Ya desde el principio se anuncia que el triunfo de Jesús es garantía del triunfo de todos sus seguidores.

En la introducción (Ap 1,13), Jesús es presentado como el *"Hijo del Hombre"* glorioso que Daniel describe en su profecía como viniendo *"en las nubes del cielo"* (Dan 7,13). La visión inicial nos anuncia que el libro va a tratar del Juicio "Final" del mundo que se verifica en Jesús.

Jesús es presentado por medio de siete títulos, bien ordenados, que describen su personalidad y su acción en la historia en favor de los cristianos:

1) Jesús el Mesías.
2) El Testigo fidedigno.
3) El Primogénito de entre los muertos
4) El soberano de los Reyes de la tierra
   (ver Ap 19,16)
5) El que nos ama
6) El que con su sangre nos rescató de nuestros
   pecados.
7) El que nos ha hecho linaje real y sacerdotes para
   Dios su Padre

La visión inaugural, además, con ecos del Exodo 19,16, describe la grandeza y sublimidad de Cristo con características

34

del *"Anciano"* de Dan 7,13-14; es una figura humano-divina: Era como un Hijo de Hombre, vestido con una túnica talar (era sacerdote); ceñido al talle con un ceñidor de oro (como los reyes); sus cabellos eran blancos como la lana blanca, como la nieve (señal de ancianidad o eternidad y sabiduría).

Sus ojos eran como llamas de fuego (penetrantes, que lo ven y lo saben todo); sus pies parecían metal precioso acrisolado (firmeza, estabilidad y seguridad); su voz era como el ruido de grandes aguas (que todo el mundo puede oir y que causan espanto por su potencia).

En su mano derecha tenía siete estrellas (en su mano están el destino de las siete comunidades y los poderes del universo; es el Señor de la gloria y de la historia); de su boca salía una espada de dos filos (es la palabra tajante del juez que dicta la sentencia de vida o muerte); y su rostro era como el sol cuando brilla con toda su fuerza (como el de Jesús en la transfiguración), siendo símbolo de algo glorioso e irresistible.

Cristo aparece en medio de siete candeleros que quizá pueden entenderse como una gran Menora o candelero de siete brazos, como el que había en el templo de Jerusalén y que simbolizaba al Pueblo de Dios en el Antiguo Testamento; este candelero es aquí es símbolo de nuevo Pueblo de Dios, la Iglesia. Cristo está en medio de la Iglesia y de las siete iglesias a las que el autor va a hablar enseguida. Los cristianos pueden poner toda su confianza en Jesús porque desde el principio se revela como el que tiene todo poder en el cielo y en la tierra.

En cada una de las cartas a las siete iglesias, Juan va poniendo los títulos que ha dado a Cristo en esta visión inaugural y los adapta a las condiciones espirituales de cada iglesia.

¿Qué tienen de especial las siete iglesias del Apocalipsis?

Las siete iglesias del Apocalipsis eran iglesias como muchas otras de su tiempo; no eran comunidades únicas con problemas especiales; eran simplemente las iglesias de las que el autor del libro se sentía de algún modo responsable.

Las siete ciudades de las iglesias estaban unidas por una carretera circular vigilada y protegida por soldados romanos. Algunos han querido ver en ellas las siete ciudades principales de la región, aunque esto no parece ser totalmente cierto ya que había otras ciudades cercanas, como Hierápolis y Colosas, que eran importantes y que tenían comunidades cristianas notables.

Algunos autores quieren ver en estas siete iglesias (el número siete como símbolo de plenitud), siete tipos de comunidades que representan a la iglesia universal en sus diferentes facetas; los problemas de estas iglesias serían problemas de todas las demás iglesias porque cada iglesia local, en medio de su individualidad, es como una encarnación de la Iglesia universal. El número siete significa perfección y totalidad. En estas siete iglesias, otros autores han querido ver, con poco fundamento crítico, una especie de oráculos que anuncian las etapas y problemas que la iglesia universal va a encontrar en su historia a lo largo de los siglos.

Las siete iglesias tenían en común los problemas y presiones creados por las exigencias religiosas y sociales del culto imperial para los cristianos súbditos del imperio romano. Casi todas las ciudades mencionadas eran centros importantes de adoración al emperador romano. Algunos cristianos podían fácilmente dejarse influenciar por maestros falsos que promovían o favorecían una acomodación a las costumbres y prácticas de los paganos; otros se podrían haber dejado engañar por la propaganda imperial que presentaba al poder romano como el gran bienhechor de la humanidad, ocultando su dimensión de opresión y explotación metódica y despiadada; esto crearía dudas, problemas y divisiones, en el seno de la comunidad cristiana. Algunas de estas iglesias también padecían persecuciones instigadas por los judíos, que estaban celosos por el progreso de la nueva religión.

17.

¿Qué busca el autor al escribir las cartas a las siete iglesias?

Las cartas a las siete iglesias del Apocalipsis son una especie de oráculos apocalípticos, escritos en lenguaje simbólico, muy semejantes a los oráculos proféticos. En su dimensión profética se dirigen a los cristianos y a las iglesias de todo tiempo. Las cartas se escribieron para el libro, y no para ser enviadas por correo; no son independientes del libro. Las cartas son sencillas, casi un resumen, pero grandiosas; tienen todas la misma estructura o forma:

- Dirección y nombre de la Iglesia
- Fórmula de mensajero profético, designado con los títulos dados a Cristo en la visión inaugural (Ap 1,12-20).
- *"Conozco...."*, seguido de un examen de conciencia sobre la conducta de cada iglesia, a la luz de los valores del Evangelio, que resulta en alabanza o condenación (Laodicea no tiene nada positivo, mientras que Esmirna y Filadelfia no tienen nada negativo).
- Invitación a la conversión en vistas a la venida del Señor.
- Invitación a escuchar e internalizar el mensaje anunciado: *"El que tenga oídos..."*
- Promesa de un don especial para el vencedor. Los dones parecen aludir a los sacramentos

(bautismo y Eucaristia) y a la liturgia cristiana: comer del árbol de la Vida (Pan de Vida), piedra blanca y nombre nuevo, lucero de la mañana, vestidura blanca, nombre en el registro de los vivos.

El mayor peligro para la fe de los cristianos no viene desde fuera sino desde dentro. Los enemigos internos son mucho más peligrosos que los externos. Las presiones de los enemigos externos sobre la Iglesia hacen que las comunidades se unan y fortifiquen; los enemigos internos, los falsos maestros, la pérdida de los valores del Evangelio, y los cristianos rebeldes introducen la división en la Iglesia y llevan a la ruina.

En las cartas se alaban las virtudes principales que caracterizaban a los miembros buenos de las comunidades: amor, servicio, fidelidad y aguante, adhesión a la enseñanza de los maestros autorizados, y el rechazo de la falsedad.

Los oráculos de las siete cartas condenan la falta de celo, amor y entusiasmo que se va propagando entre algunos miembros de las iglesias y que los llevaban al pragmatismo y a la apatía; los cristianos no pueden reconciliarse con los ídolos ni con los valores del mundo. Se les pide el arrepentimiento y la conversión que reforme sus vidas.

Las cartas tienen un valor actual para los cristianos de hoy, ya que los defectos y las virtudes de los primeros cristianos no dejan de ser los nuestros; nosotros también debemos leer en ellas invitaciones apremiantes a nuestra conversión.

Los problemas de estas siete iglesias continuaron después de escribirse el Apocalipsis. San Ignacio de Antioquía, no muchos años después, escribió varias cartas a las iglesias de esa área y parece dirigirse a los mismos problemas a los que se enfrentaba el autor bíblico.

¿Qué significa que Cristo es el Alfa y la Omega?

El alfa y la omega son la primera y la última letras del alfabeto griego. Equivalen a nuestra "a" y "z". La expresión "el alfa y la omega" servía para designar la totalidad de las cosas. El autor del Apocalipsis emplea cuatro veces la frase "Yo soy el Alfa y la Omega, el Principio y el Fin", (Ap 1,8; 21,6; 22,13; ver 1,17-18) y sirve para expresar la soberanía de Dios sobre la historia: antes y después de todo lo que existe está siempre Dios; por eso, un buen cristiano debiera decir siempre: *"¡Primero Dios!"* El profeta Isaías había hablado en términos equivalentes para expresar la soberanía y el poder de Dios sobre los destinos de los pueblos: *"Yo soy el primero y el último; no hay otro Dios fuera de mí"* (Is 44,6).

Al comienzo del Apocalipsis la expresión "Alfa y Omega" se refiere a Dios; al final del libro se aplica a Jesucristo con todo su significado: *"Yo soy el Alfa y la Omega, el Primero y el Ultimo, el Principio y el Fin"* (Ap 22,13). Toda la historia está como encerrada en Dios y en Cristo; nada de lo que sucede puede escaparse de sus designios y de su control.

¿Quiénes eran los nicolaitas que había en Efeso, Pérgamo y Tiatira (Ap 2,1-29)?

Los nicolaitas de los que se habla repetidamente en el segundo capítulo del Apocalipsis fueron con toda probabilidad un grupo de cristianos que buscaban la acomodación con la vida social y religiosa del imperio romano para no ser excluidos de muchas funciones sociales.

La ciudad de Efeso en particular era centro que atraía toda especie de religiones paganas y de distorsiones de la vida cristiana. Efeso tenía más de 300.000 habitantes; era la *lumen Asiae* — la lumbrera de Asia; situada en un buen cruce de carreteras, era centro comercial, cultural y religioso y sede del gobierno proconsular romano. Tenía un templo de Artemisa/Diana que era una de las siete maravillas del mundo antiguo (ver He 19,23-40). La tradición la asociaba con el apóstol San Juan que había muerto allí. El esplendor de los ritos y ceremonias paganas podían ser tentación para algunos cristianos que habían perdido su fervor inicial. Para el autor del Apocalipsis, el imperio eran tan deshumanizador y malo que ningún buen cristiano podía aceptarlo.

Los comentaristas del Apocalipsis proponen varias identificaciones para los nicolaitas, basándose especialmente en los errores que se condenan en las cartas a las iglesias de Efeso (Ap 2,1-7), Pérgamo (Ap 2,12-17), y Tiatira (Ap 2,18-29); todos ellos parecen reflejar la misma visión del cristianismo y del imperio:

1) Los nicolaitas se decían apóstoles sin serlo (Ap 2,2); eran una especie de misioneros ambulantes o de apóstoles itinerantes que iban por diversas regiones predicando el Evangelio aunque en realidad buscaba una vida fácil y cómoda.

2) Los Nicolaitas son asociados con Balaam y con Jezabel (Ap 2,14.20), que en el Antiguo Testamento son asociados con la aceptación del paganismo y la fornicación; por ello algunos suponen que serían un grupo que abría a la adoración simulada de los ídolos y a la fornicación o a alguna forma del "amor libre". Errores semejantes a estos los hubo en la comunidad primitiva de Corinto, ya que San Pablo, en su primera carta a esa comunidad habla del comer cosas consagradas a los ídolos y de la fornicación que llegó a existir en la comunidad. Pablo recuerda a los cristianos que

41

no deben engañarse a sí mismos bajo pretextos de libertad o de conocimientos superiores. Lo único que cuenta y que debe dirigir la vida del cristiano es el amor.

3) Hay quienes ven en los Nicolaitas a cristianos gnósticos que abrazaban la cultura y la religión romanas; se habían liberado o secularizado de tal modo que no veían conflicto entre las prácticas paganas y las exigencias del cristianismo. La primera carta de San Pablo a los Corintios habla de cristianos que comían carnes ofrecidas a los ídolos y de cristianos que se atribuían a sí mismos conocimientos especiales y profundos (ver 1 Co 2,10; 4,8; Ap 2,24; 3,17); el conocimiento debe ser guiado y definido por el amor.

4) Algunos, sin ningún fundamento serio, relacionan a los Nicolaitas con uno de los siete primeros diáconos que los apóstoles escogieron en Jerusalén, Nicolás el prosélito de Antioquía (ver He 6,5).

20.

¿Qué era la "sinagoga de Satanás" que había en Esmirna?

La palabra *sinagoga* significa congregación o reunión, y los judíos la usaban para designar sus templos o casas de oración fuera del Templo de Jerusalén y a las personas que se reunían en esas casas.

Muchos judíos se habían refugiado y establecido en Esmirna, la moderna Izmir, después de la destrucción del Templo de Jerusalén en el año 70. Allí prosperaron y pronto revelaron su hostilidad contra los cristianos, no permitiéndoles asociarse con ellos ni que se consideraran judíos o que se llamaran sinagoga y hasta llegaron a promover persecuciones contra los cristianos. Los cristianos pobres y humildes probablemente le tenían miedo a los judíos que los acusaban ante las autoridades imperiales y que se consideraban superiores a los cristianos. Para el autor del Apocalipsis, aquellos judíos con sus acciones hacían la obra de Satanás, por lo que merecían que se les llamase apropiadamente *"sinagoga de Satanás"*.

Toda la carta a la iglesia de Esmirna está llena de alusiones a la condición social y religiosa de esta ciudad en el siglo I. Esmirna, situada al norte de Efeso, era un gran centro comercial con buen puerto; se gloriaba de haber sido amiga y aliada de Roma por cerca de 300 años, por lo que se llamaba "Esmirna, la fiel". La carta recuerda a los cristianos que el verdadero título de gloria no está en ser fiel a Roma sino en ser fiel a Cristo hasta la muerte.

La carta parece dirigirse a cristianos pobres que estaban decaídos o abatidos. Esta carta no contiene reproches y denuncias sino alabanzas. A los pobres había que animarlos y consolarlos para que se consideraran como la *"Sinagoga de Dios"*, los verdaderamente llamados y congregados por Dios para formar el verdadero Israel de la Nueva Alianza.

21.

¿Qué era el "trono de Satanás" que estaba en Pérgamo (Ap 2,12-17)?

La carta a la iglesia de Esmirna hablaba de la sinagoga de Satanás haciendo referencia a la hostilidad de los judíos hacia los cristianos. En la carta a los cristianos de Pérgamo les habla del trono de Satanás, con referencia a la hostilidad de los romanos contra la iglesia naciente.

Pérgamo era una ciudad famosa por sus monumentos religiosos, especialmente por su templo en honor de Esculapio (Asclepio), dios de la sanación y de la medicina. La ciudad había sido capital de la región, centro de arte y de cultura, con una biblioteca de más de 200.000 volúmenes. Según el escritor romano Plinio, el *"pergamino"*, el papel más antiguo, hecho de piel de animales, se inventó allí y se produjo masivamente, siendo instrumento eficaz para la propagación de la cultura.

Pérgamo se distinguía por su celo por la adoración del emperador; fue la primera ciudad de Asia que edificó un templo al emperador Augusto, en el año 29 a.C. La frase *"trono de Satán"* puede ser una alusión a la residencia del procónsul gobernador romano en la ciudad, promotor del culto imperial, y a los espléndidos edificios que anunciaban la religiosidad pagana.

Para el autor del Apocalipsis, los cristianos tenían que ser intolerantes con el sistema cultural y religioso del imperio, que divinizaba al emperador y a la ciudad de Roma, porque Cristo y Satanás no tienen nada en común. Antipas había sido fiel a su fe hasta la muerte (Ap 2,13); los nicolaítas (Ap 2,14) buscaban arreglos y compromisos falsos con un sincretismo social y religioso. El cristiano no debe comer cosas de los ídolos sino el maná de Cristo (2,17); su título y nombre de gloria no va a ser el de "ciudadano romano" sino el de "cristiano" (Ap 22,4; 2,17).

22.

¿Quién era la Jezabel que vivía en Tiatira (Ap 2,18-28)?

La ciudad de Tiatira era mucho menos importante que la cercana Pérgamo, aunque había en ella una guarnición romana encargada de la seguridad de las carreteras. En Tiatira existían pequeñas industrias textiles, de tinte de telas, de cueros, de cerámica y de cobre (He 16,14-15). Los trabajadores de las industrias estaban organizados en gremios o asociaciones laborales. Los cristianos que pertenecían a esos gremios encontraban serios problemas de conciencia ya que cada gremio, como grupo, tenía funciones políticas y religiosas de acuerdo con el culto imperial. En esa situación era fácil también que surgiera el peligro interno sincretista de adaptación y tolerancia de cultos y de costumbres.

Jezabel, en el Antiguo Testamento, fue la mujer del rey de Israel Acab; con su influencia introdujo la idolatría en Israel y sedujo al rey; fue además enemiga personal del profeta Elías a quien persiguió para darle muerte. Por esto, el nombre de Jezabel se convierte en la Biblia en símbolo y encarnación del mal y de la mujer pecadora que arrastra al pecado.

San Juan, al hablar de Jezabel, parece referirse en el Apocalipsis a una mujer que se atribuía a sí misma el carisma de profecía y que estaba, como los nicolaitas, a favor de la adaptación religiosa a los cultos paganos —esta era la "fornicación" en el lenguaje religioso bíblico del Antiguo Testamento—, y que enseñaba una doctrina misteriosa y secreta sobre las *"profundidades de Satanás"* (vs. las *"profundidades de Dios"* de las que se habla en 1 Co 2,10 y 4,8). Esta Jezabel se pudo presentar como una émula cristiana de la sibila Sambethe que tenía un santuario en Tiatira.

Al comienzo de la carta a Tiatira encontramos la expresión "Hijo de Dios" (Ap 2,18), la única vez que aparece en el Apocalipsis. Al final de la carta se subraya la función de Jesús como rey y juez. Hacía falta despertar a los cristianos para que no se dejaran engañar por aquella falsa profetisa que predicaba una laxitud cristiana de adaptación al dios-rey sol que era popular en Tiatira. Los cristianos tenían que recordar que el único sol y rey era Jesús.

23.

¿Cómo puede uno estar a la vez vivo y muerto, como se le dice a la Iglesia de Sardis (Ap 3,1-6)?

La iglesia de Sardis se encontraba en un estado de coma espiritual, aletargada en un sueño mortal. Los habitantes de Sardis tenían fama de lujuriosos y comodones. En Sardis se adoraba de un modo especial a Cibeles, la diosa de la naturaleza, celebrando grandes orgías para obtener la fertilidad de los campos y de los animales.

Sardis había sido la capital de Lidia, cuando su rey Creso gozaba de la fama universal con la que ha pasado a la historia por sus riquezas y lujos. La ciudad tenía para su defensa una fortaleza casi inexpugnable, la acrópolis, pero dos veces había caído en manos de sus enemigos por descuido y falta de vigilancia (ver Ap 3,3). La ciudad tenía también una floreciente industria de lana can la que se hacían hermosas telas blancas (ver Ap 3,4).

La comunidad cristiana de Sardis había caído en la tentación de quedarse satisfecha consigo misma porque se mantenía al margen del paganismo que la rodeaba. Juan parece denunciar a la comunidad porque aunque jurídicamente pudiera ser impecable, pastoralmente estaba casi muerta. Eran cristianos en apariencia y sin vida.

El pecado de Sardis parece haber sido la burocratización en la que externamente todo parecía estar bien pero que en realidad dejaba mucho que desear; había buena organización pero poco espíritu. Los pocos cristianos que se habían mantenido fieles y despiertos tenían la obligación y misión de despertar y abrir los ojos de los demás para que tomaran iniciativas y produjeran frutos que dieran testimonio ante el mundo que los rodeaba.

La alusión al Libro de la Vida o registro de los vivos (Ap 3,5) supone, como en Ex 32,32, que existía un libro de los que viven en la tierra; con el desarrollo de la doctrina de la resurrección surge la idea de un libro de los que vivirán en el cielo (Dan 12,1).

24.

¿Por qué se le da un trato especial a la iglesia de Filadelfia (Ap 3,7-13)?

Filadelfia, literalmente "la ciudad del amor fraterno", era una ciudad pequeña con un comercio floreciente. Como algunas de las ciudades vecinas había sido devastada varias veces por terremotos y había sido reconstruida parcialmente con la ayuda del emperador romano, por lo que en Filadelfia había un centro de adoración imperial.

La carta a la iglesia de Filadelfia es la mas tierna y personal de todas; habla insistentemente —siete veces— en primera persona. Filadelfia recibe alabanzas generosas llenas de ternura; ni se le ataca ni critica. Es una iglesia que ha tenido que luchar para mantenerse fiel y que va a tener que luchar todavía más en el futuro. Juan trata a esta comunidad con más suavidad que a las otras, quizá porque la comunidad cristiana de Filadelfia era pequeña y humilde; los cristianos podían sentirse débiles y sin fuerzas, por lo que Juan los anima. No se han dejado intimidar, a pesar de ser pocos, por los ataques de los judíos; han perseverado con paciencia en las pruebas; sólo se les pide que aguanten una vez más la gran prueba final.

Juan anuncia que los judíos, que ahora los persiguen, reconocerán un día que los cristianos son el verdadero Israel de Dios. Dios les va a recompensar su fidelidad abriendo una puerta abierta a las conversiones y cerrando las puertas a los perseguidores. El éxito de la comunidad cristiana está asegurado.

Se anuncia a los vencedores que van a ser como columnas en el templo de Dios; recibirán gloria pública semejante a la de los generales romanos vencedores, que tenían sus nombres escritos en columnas (trofeos) que eran colocadas dentro de los templos como memoriales. El nombre de los cristianos vencedores estará siempre vivo en la memoria de Dios en su templo. El autor parece sugerir que los cristianos tendrán tal familiaridad con Dios y "conocerán su nombre" de tal modo que casi le podrán "tutear".

¿Qué peligro especial tiene el ser tibio, ni frío ni caliente (Ap 3,14-22)?

Laodicea era una ciudad situada a unas seis kilómetros de Hierápolis desde donde traían las aguas termales de sus manantiales, las cuales llegaban a Laodicea tibias e imbebibles. Era una ciudad que tenía fama de orgullosa y que se había recuperado plenamente del terremoto del año 60 por sus propios recursos, sin ayuda romana. Era una ciudad que se consideraba autosuficiente y que podía decir: *"Soy rica... nada me falta"* (Ap 3,17).

La carta a la iglesia de Laodicea hace alusión a la situación económica y social de la ciudad que le daba un aura de seguridad y prosperidad, gloriándose de su riqueza. En Laodicea había una escuela de medicina y farmacia famosa por sus oculistas; también había buena agricultura y comercio, con bancos y prestamistas cuya fama había llegado hasta Roma. Florecía además la industria textil y de alfombras de lana negra.

La carta contiene una amenaza urgente para los cristianos "tibios", orgullosos y ciegos, que se habían vuelto tan mundanos como el ambiente de su ciudad, insulsos y sin carácter, ni contra Dios ni contra el mundo. No se daban cuenta de su verdadera situación. En inglés la palabra *Laodicean* significa indiferente o neutral, aludiendo a la actitud de los cristianos que se critica en el Apocalipsis. Los cristianos no pueden ser neutrales ante el mundo político, económico y religioso, que los rodea. Tienen que hacer una opción por Cristo y el Evangelio que los lleve al conflicto y a la lucha.

Los laodicenses habían caído en la mediocridad y la tibieza por su falsa orientación hacia el mundo que los rodeaba. Juan los tacha de "un pobre, un ciego, un desnudo" (Ap 3,17): la riqueza material de la ciudad debe ser sustituida por el oro acrisolado de la fe; los ungüentos de sus famosos oculistas deben ser reemplazados por la luz de Cristo que ilumina; y la industria textil no les servía de nada para remediar las profundas necesidades espirituales de la comunidad, que necesitaba el vestido blanco con el que se revisten los cristianos verdaderos. Al final de la carta hay palabras de ternura y solicitud para animarles a salir de su situación.

La comunidad de Laodicea, a unas 15 kilómetros al oeste de Colosas, comunidad a la que San Pablo había dirigido una de sus cartas, preocupaba ya al apóstol (Col 3,1 y 4,16). Como San Pablo, el autor del Apocalipsis quiere que los cristianos se distingan no por su acomodación al mundo sino porque lo retan a la conversión y trabajan para transformarlo.

26.

¿Cómo es el Dios del Apocalipsis (Ap 4,1-11)?

El capítulo cuarto del Apocalipsis nos ofrece una hermosa descripción de Dios en medio del cielo, pero el autor no quería darnos una foto o un cuadro del cielo sino más bien comunicarnos un mensaje por medio de símbolos poéticos muy conocidos por sus lectores tomados de los profetas.

La descripción de Dios en medio del cielo parece inspirarse en las narraciones de Isaías 6 y de Ezequiel 1 en las que los profetas describen sobre todo el misterio de Dios, que está sobre toda la creación. Dios es grandeza, firmeza, estabilidad, seguridad, realeza, santidad, omnipotencia, eternidad, tranquilidad, claridad, asombro y admiración; es más y mejor que todo lo que se pueda pensar.

Juan parece también tener presente la imagen de la corte imperial (romana o persa), con el senado y los consejeros que acompañaban al emperador. Cuando el emperador entraba solemnemente en Roma, la gente solía gritar: "Tú eres digno, señor y dios nuestro..." Precisamente cuando se escribía el Apocalipsis reinaba el emperador Domiciano, quien, según escritores romanos de su tiempo, gustaba atribuirse títulos que el autor del Apocalipsis declara que son la prerrogativa del Dios verdadero: *"Santo, gloria de la tierra, señor y dios, señor de la tierra y señor del mundo"*. La descripción de Juan es una protesta contra el culto imperial.

Dios no vive aislado en su esplendor, como el Dios de los sabios y de los filósofos. Dios está rodeado de seres celestiales, ángeles, ancianos y vivientes, en medio de alabanza y adoración. El cielo es admiración, movimiento, vida, asombro ante la infinidad de Dios. Dios es presentado, según la costumbre tradicional, rodeado de una aureola de luz, un arco iris maravilloso, que lo hace invisible a los mortales. Como en el Evangelio de San Juan, Dios es "luz y sonido" y color, como un espectáculo que deleitará a sus siervos para toda la eternidad.

El trono de Dios es el centro del universo; allí es donde se decide la historia de los acontecimientos. Cristo y los cris‑tianos están en el centro de la historia; son los únicos que pueden darle plenamente la dirección definitiva que Dios desea.

El cielo es presentado como un gran concierto al que se van uniendo las voces de todas las obras de la creación: primero los cuatro Vivientes y los 24 ancianos (Ap 5,9-10); luego millones de ángeles (Ap 5,11-12); y finalmente el resto de la creación, el cielo, la tierra, el mar y el lugar de los muertos (Ap 5,13).

27.

¿Por qué se presenta a Jesús como Cordero inmolado en el Apocalipsis si ya está glorioso en el cielo (Ap 5,1-14)?

El cordero es una figura bíblica con múltiples simbolismos. Era la víctima preferida en el Antiguo Testamento. En el Evangelio de San Juan Jesús es inicialmente presentado como el *"Cordero de Dios, el que carga con el pecado del mundo"* (Jn 1,29); al final del Evangelio es el Cordero que muere sacrificado en la cruz a la misma hora en que los corderos pascuales eran sacrificados en el Templo. En los Evangelios sinópticos, Jesús es el Cordero que va a su pasión como víctima inocente y callada.

En el Apocalipsis Jesús es sobre todo el Cordero poderoso y triunfador; es el Cordero que a la vez se presenta como León de Judá y Raíz de David, ya que se ha revelado en su pasión como Mesías triunfante sobre la muerte. El cordero pascual que había sido sacrificado tiene siete cuernos y siete ojos, indicando que la plenitud del poder y del conocimiento le pertenecen a Cristo glorificado (Mt 28,16-20).

El cielo y la tierra se unen para cantar la alabanza de Dios y del Cordero (Ap 5,8-9). La perfecta dignidad del cordero se describe con siete atributos, que en el Antiguo Testamento le pertenecen a Dios y que los emperadores romanos querían atribuirse a sí mismos: poder, riqueza, sabiduría, fuerza, honor, gloria y alabanza. En Ap 5,9, el Cordero trae la respuesta a la pregunta clave del capítulo 5,2: *"¿Quién es digno de abrir el libro y de romper los sellos?"*

Jesús, el Cordero del Apocalipsis, es el que controla y dirige la historia. Los secretos de la historia están en su mano; es como un arquitecto que tiene el plan general de Dios para construir la historia de la humanidad. Para San Juan el Cordero degollado y vivo es la clave para descubrir la voluntad de Dios en la historia porque el sacrificio de Jesús en la cruz es la clave para entender la historia.

El sacrificio hace a Cristo Señor de la historia y la voluntad de sacrificarse hace a los cristianos dueños de la historia; los poderes del mundo sólo pueden llegar hasta dar muerte sin tener control de la vida que viene después de la muerte. El imperio romano podía dar muerte, pero no podía dar significado a la vida. La historia del imperio romano no tenía sentido; tampoco tenía futuro. Los emperadores romanos que al principio vieron en los cristianos víctimas fáciles con las que distraer al pueblo, luego se dieron cuenta de que los cristianos eran sumamente peligrosos porque no adoraban

al sistema romano ni se dejaban engañar por su propaganda. Los cristianos a través de los siglos están llamados a ser cuestionadores de los sistemas mundanos.

28.

¿Quiénes son los 24 ancianos del Apocalipsis 4,4 y 5,8?

En el cielo como en la tierra Dios vive en medio de su pueblo. Los 24 ancianos (mencionados 12 veces en el Apocalipsis) forman una especie de senado o corte celestial que rodea al trono de Dios y lo adorna con su presencia. Estos ancianos representan a la iglesia de Dios en toda su universalidad, el Antiguo y el Nuevo Testamento, del mismo modo que los cuatro seres Vivientes (Ap 4,6-11) representan a toda la creación.

El número 24, el doble de 12, era el número de las tribus del viejo Israel y el de los apóstoles de Jesús, el nuevo Israel; los ancianos son como una encarnación de la universalidad de la historia de la salvación, del Pueblo de Dios, que está presente ante Dios en perpetua alabanza y acción de gracias.

Hay muchos autores católicos que ven en los 24 ancianos a hombres glorificados, especialmente a los grandes santos, patriarcas, reyes, profetas y sabios del Antiguo Testamento y a los doce apóstoles del Nuevo Testamento.

Otros ven en los ancianos a la clase sacerdotal del Reino de Dios, correspondiendo a las 24 clases sacerdotales de Israel (ver 1 Cro 24,4.7-18); van vestidos con túnicas talares como los sacerdotes judíos y tienen la función sacerdotal de dar gloria y alabanza a Dios.

Algunos creen que los ancianos son 24 ángeles especiales que están siempre en la presencia de Dios y los asocian con los 12 signos de zodiaco y con las estrellas principales de cada signo. Los antiguos asociaban a los ángeles con las estrellas y a las estrellas con los ángeles. Estos ancianos vendrían a ser símbolo de las fuerzas que dirigen toda la creación. El texto bíblico no parece favorecer la identificación de los ancianos con ángeles ya que los considera como personas redimidas por Cristo (ver Ap 19,4). Los 24 ancianos, como más adelante los 144.000 elegidos, representan a todo el Pueblo de Dios, del antiguo y del Nuevo Testamento, redimido por Jesús.

29.

¿Qué representan los cuatro Vivientes del Apocalipsis 4,6?

La imágen de los cuatro seres Vivientes que tienen forma de animales está tomada de Ezequiel 4,4-14; para el profeta, los animales representan a toda la creación: el león a las fieras; el águila a las aves; el toro a los animales domésticos y el hombre a la humanidad.

Representando a la creación, los cuatro animales aparecen como los cuatro puntos cardinales con su centro en el trono de Dios. Dios tiene dominio sobre todas las fuerzas de vida de la creación; ellas tienen que darle gloria y gracias. Los Vivientes son como maestros de ceremonias que dan direcciones para la liturgia celestial.

Hay quienes quieren ver en estos cuatro Vivientes unas figuras simbólicas que representan lo noble, robusto, sabio y rápido de la creación. Este simbolismo abstracto es más claro para nosotros que para los lectores del siglo I.

Algunos autores ven en estos cuatro animales una alusión a las cuatro conocidas constelaciones estelares del mundo antiguo: Tauro, el toro; Leo, el león; Escorpio, que antiguamente era representado con rasgos humanos; Aquila, el águila. Las cuatro constelaciones, según se creía popularmente, guiaban la historia y contenían sus secretos. Para estos autores, esto significaría que los secretos y las fuerzas de la historia y de la naturaleza están al servicio de Dios.

San Ireneo, en el siglo II, fue el primero que relacionó simbólicamente a los cuatro animales con los cuatro evangelistas, aunque el texto del Apocalipsis no de ninguna razón para hacerlo. El hombre (ángel) se asoció con San Mateo; el león con San Marcos, ya que abre el Evangelio con la predicación de Juan Bautista en el desierto donde vivían los leones; el toro con San Lucas, que comienza su Evangelio con alusión a los sacrificios del Antiguo Testamento en los que con frecuencia se ofrecían toros; el águila con San Juan, por el Evangelio que parece más elevado en su forma y contenido.

30.

¿Qué hacen los santos en el cielo? ¿Es verdad que según el Apocalipsis (5,6-14) pasarán la eternidad cantando?

Más importante sería preguntar qué hacen los "santos", (los cristianos), en la tierra, porque San Juan, más que dar informaciones sobre el cielo, quiere darnos esperanzas y fortaleza para vivir y luchar en la tierra. El Apocalipsis describe el cielo como una liturgia comunitaria, sublime y alegre; en él se dan espacios de silencio y escucha, acompañados de acciones simbólicas.

La liturgia de la tierra es para San Juan un reflejo de la celestial. Los cristianos en la tierra celebran con alegría la memoria del sacrificio de Cristo. Los cristianos de su tiempo proclamaban con alegría valiente la grandeza y divinidad de Jesús, protestando contra los títulos de gloria y poder que se atribuían a si mismos los emperadores romanos.

La alegría de los cristianos que eran pobres y oprimidos, entonces como ahora, asustaba a los ricos y sobre todo molestaba a los poderosos; la liturgia cristiana era siempre subversiva, llamando a la conversión y al cambio, y dando esperanza y fortaleza para resistir a los poderes esclavizadores.

La liturgia cristiana recuerda la liberación que Cristo nos ha dado; implica una actitud de protesta contra todos las dictaduras, desde el del imperio romano hasta los de las dictaduras modernas.

La Iglesia de la tierra (militante) se une a la Iglesia del cielo (triunfante) en la alabanza a Dios; la comunión universal de la Iglesia y de toda la creación se da en la oración. La meta de la oración es la transformación del universo.

San Juan nos presenta a los santos en el cielo haciendo lo mismo que hace Jesús (ver 1 Jn 1,1-2): interceden por sus hermanos en la tierra para que perseveren en su lucha contra el mal. Es importante que los cristianos recuerden siempre que en medio de sus luchas y tribulaciones les acompañan las oraciones de los "santos", la intercesión eficaz de sus hermanos en el cielo y en la tierra.

31.

¿Qué significan los siete sellos del Apocalipsis (5,1-8,1)?

Los sellos eran usados en la antigüedad para identificar la propiedad, dar validez a los documentos, como tatuajes de pertenencia o protección, y como signos de cosas importantes o secretas.

El libro sellado con siete sellos es propiedad exclusiva de Dios y contiene los grandes secretos de su plan salvador. Este libro parece ser un documento doblado que se va desdoblando gradualmente, revelando su contenido. La apertura del séptimo sello sirve para introducir la serie de las siete trompetas, al final de la cual se descubrirá la finalidad de la historia y el triunfo final de Cristo.

Algunos autores ven una relación entre este documento doblado y sellado con los documentos que se usaban para dar el repudio en casos de matrimonios fracasados, especialmente cuando se trataba de divorcios sacerdotales. Quieren ver aquí una presentación simbólica del divorcio que se va a establecer entre el Cordero y la Jerusalén infiel, antes de pasar al nuevo matrimonio del Cordero con la Nueva Jerusalén que baja del cielo.

Descubrir o abrir los sellos no es para satisfacer una curiosidad humana, sino para cumplir y llevar a cabo el plan de Dios en la historia. Cristo y los cristianos son los que conocen el verdadero sentido de la historia con todas sus contradicciones. Los sellos recuerdan a los cristianos y a la humanidad que las calamidades de la historia y de la naturaleza deben servir para despertar las conciencias ante la caducidad de lo humano para centrarse en Dios y en sus planes.

Los cuatro primeros sellos los veremos a continuación al hablar de los cuatro caballos de Apocalipsis con sus respectivos jinetes. El quinto sello presenta al trono de Dios transformado en templo celestial semejante al Templo de Jerusalén. En medio de las tragedias, tribulaciones y luchas de la tierra las oraciones de los santos acompañan a los cristianos lo que debe consolarles y darles fuerzas para mantenerse fieles. Las oraciones de los cristianos no proceden de una sed de venganza, sino de una sed de justicia y de los valores del Reino de Dios.

El sexto sello recuerda las predicciones del capítulo 13 de San Marcos (Mc 13,24) y de Mt 24,29. La narración hace eco de las descripciones de los profetas de la llegada del Día del Señor. El caos del universo nos debe hacer recordar que *"no somos nada"*, y que realmente tenemos que ponernos en manos de Dios.

El autor menciona a siete clases de personas que son afectadas por el sexto sello, para denotar la universalidad del poder y de la acción del Cordero triunfador que hace que toda la naturaleza y todas las personas se sientan impotentes ante él, llenas de terror; se esconden en cuevas, pero no hay escondrijo que pueda proteger y dar seguridad a una mala conciencia; la conversión es la única salida que les queda.

En medio de las pruebas y calamidades que afligen a la humanidad a lo largo de la historia, los malos se asustan y se desesperan, mientras que los "buenos" (los elegidos, los creyentes auténticos) pueden vivir en una expectativa gloriosa, porque Dios es quien verdaderamente dirige la historia. Los que no creen son las primeras víctimas del miedo. Los que creen saben ya de antemano que todo lo que les suceda va a ser para su bien.

32.

¿Qué significan los cuatro caballos del Apocalipsis 6,1-8?

Quizá, más que de los cuatro caballos habría que hablar de los cuatro jinetes que los montan. Los cuatro caballos fueron muy populares en tiempo de la Primera Guerra Mundial (1914-1918); hubo numerosas sectas protestantes que creían que estaba llegando el fin del mundo. La imagen de los cuatro caballos se inspira en Zac 1,8-11 y 6,1-8; la narración de sus actividades sigue de cerca el cántico de Habacuq 3,4-15. Los cuatro jinetes anuncian las predicciones escatológicas que también se mencionan en Mt 24 y Mc 13.

El primer caballo, de color blanco (Ap 6,2), es montado por un jinete triunfador invencible. Este jinete no es Cristo, como algunos piensan, ya que Cristo es hasta ahora el cordero pascual que se ha sacrificado, y solamente aparecerá como triunfador invencible en un caballo blanco en el capítulo 19,11. Este primer jinete con sus otros tres compañeros es portador de calamidades y de guerras. Por esto, tampoco se debe ver en él un símbolo de la marcha triunfal del Evangelio por el mundo como se imaginan algunos.

El primer jinete, con toda probabilidad es símbolo del anticristo que sale victorioso hasta que venga Cristo a desarmarlo (Ap 19,11-21); por ello va vestido de blanco, como Cristo, a quien procura imitar (Ap 13,1-19), ya que probablemente es el anticristo, el lobo revestido de oveja que por un tiempo aparenta ser invencible en sus proyectos; solamente tiene poder mientras Dios se lo permite: *"Se le dio permiso"* (Ap 6,2.4.6.8).

En la teología de la escuela de San Juan, el anticristo y los anticristos de los últimos días son los que se salen de la Iglesia (ver Jn 2,18); los que promueven guerras y divisiones religiosas, los que atentan contra la unidad de la Iglesia y de la comunidad cristiana. La victoria de este jinete trae calamidades a la humanidad: muertes (Ap 6,4), hambre (Ap 6,6) e infierno (Ap 6,8). Hay quienes ven esto sucediendo en las divisiones y guerras religiosas que siempre han afligido a la Iglesia y a la humanidad.

Hay autores que ven en la descripción de este jinete que "tenía un arco" una alusión a la armadura de la caballería de los Partos, enemigos del imperio romano en su frontera oriental, y que ya en el año 62 había derrotado a las legiones romanas. De ellos esperaba posiblemente el autor que llegaría la derrota del imperio y la liberación de los cristianos.

El segundo jinete cabalgaba sobre un caballo rojo (Ap 6,3-4), símbolo de la sangre y del fuego; representa a los poderes hostiles a Dios que desencadenan guerras civiles en el seno de los pueblos y que hacen que la gente se vuelva contra sus propios hermanos y que se degüellen unos a otros. Desde el año 41 al año 69 había habido numerosas guerras civiles en el imperio romano.

El tercer jinete, sobre un caballo negro (Ap 6,5-6), parece ser el hambre que suele seguir a las guerras. Aquí vemos que Dios pone límites a los poderes del mal (Ap 6,6); se salvarán el aceite y el vino (ver 2 Re 6,27;7,1). Se sabe por la historia romana que hubo grandes hambre en el imperio romano entre los años 42 y 51; también, el año 92, en tiempos de Domiciano, hubo una gran hambre en el imperio, de modo que hasta en algunas regiones se llegaron a arrancar las viñas para poder producir más grano.

El cuarto jinete (6,7-8) sobre un caballo bayo (pálido), color cadavérico, parece representar a una peste o epidemia como las que solían seguir a las hambres y las guerras. La muerte es la que realmente cabalga con cada uno de los cuatro jinetes. Este jinete tiene también poderes limitados, por lo que sólo puede afligir a la cuarta parte de la tierra. Dios limita los poderes del mal los cristianos debemos hacer lo mismo. Si no eliminamos el mal, tenemos por lo menos trabajar para debilitarlo y quitarle sus efectos.

La perversión y el egoísmo de hoy siguen creando jinetes que cabalgan por el mundo. En cada época será bueno reflexionar sobre cuáles son los caballos del mal y qué colores tienen.

33.

¿Quiénes son los 144.000 elegidos del Ap 7,4-8? ¿Hay santos especiales que siguen al Cordero o que tienen un lugar especial en el cielo?

Estas preguntas tienen un significado especial para mucha gente a causa de las falsas enseñanzas de los testigos de Jehová, que se creen ser los de su grupo los 144.000 elegidos especiales de Dios. Las preguntas suponen también que en el cielo se dan paseos, marchas y desfiles especiales. No hay que olvidar que el autor del Apocalipsis está usando un lenguaje simbólico y que los 144.000 que se pasean con el Cordero son como Adán en el paraíso que "se paseaba con Dios" (Gén 3,8): se pasean con Dios/Cristo, vestidos, sin miedos ni ansiedades, en paz y felicidad eternas (Ap 7,15-17).

El número 144.000 es el total de 12 x 12 x 1.000. El número doce era considerado especial por ser el número de los meses del año y de los signos del Zodiaco; era el número de las tribus del viejo y del nuevo Israel. El número 144 era el cuadrado perfecto, un número técnico apropiado para significar al Pueblo de Dios. El número 1.000 era el más alto que los judíos tenían en su numeración. Los griegos tenían la *miriada*, que equivalía a 10.000 y que significaba algo inmenso o innumerable. El "millón" fue inventado o nombrado por primera vez en Italia durante la Edad Media, hace más de 500 años.

El número 144.000 es para el autor el número perfecto y completo de la multitud inmensa que sigue a Cristo. Así como

Israel hizo un censo en el desierto después de su liberación de Egipto, al comenzar el nuevo Exodo se hace un censo del ejército del Cordero. Puesto que es un número simbólico, no hay que tomarlo aritméticamente, ya que significa una cantidad incontable o imponente; por eso, de cada una de las tribus hay el mismo número, porque, además, para Dios no hay preferencia de personas.

Los comentadores del Apocalipsis tienen opiniones bastante diversas sobre la identidad de estos 144.000 elegidos:

- Son "vírgenes" en el sentido bíblico de la palabra: los que no "fornicaron" adorando a los ídolos o cayendo en la idolatría.
- Los judíos de las doce tribus de Israel que se convirtieron al cristianismo.
- Los mártires que se unieron al sacrificio del Cordero y triunfaron con él.
- Cristianos heroicos especiales que siguen a Cristo incondicionalmente.
- Son sacerdotes porque llevan un nombre especial que denota pertenencia o consagración a Dios.
- Los cristianos ascetas que han mantenido una virginidad espiritual y corporal.
- Los vencedores de las cartas a siete iglesias del Apocalipsis.
- Los cristianos del imperio romano firmes en su fe; los primeros rescatados.
- Todos los cristianos que lucharon y vencieron, no un grupo o una "clase" especial de santos.

Se puede decir bien que todas esas clases de personas de algún modo pertenecen a los 144.000, ya que este número incluye a todo el Pueblo de Dios de todos los tiempos.

En la enumeración de las doce tribus de Israel que Juan hace en relación con los 144.000, Judá va a la cabeza por ser la tribu mesiánica; se omite a la tribu de Dan y en su lugar se pone la tribu de Manasés. No sabemos la razón exacta de esta omisión, pero desde San Ireneo muchos han creído que es por la tradición que existía de que el anticristo iba a salir de la tribu de Dan, la tribu que cayó primero en la idolatría y que recibe descripciones poco lisonjeras en el Antiguo Testamento (Jue 18,30; 1 Re 12,29; Jer 8,16; Dt 33,22; Gén 49,17). El símbolo de la tribu de Dan era la serpiente; por ello luego se la asoció con el demonio y el anticristo. Si los 144.000 son los que se mantienen fieles a Dios, no había lugar para incluir en su número a la primera tribu idólatra.

34.

¿Quiénes son los siete ángeles de la presencia de Dios de Ap 8,2.6?

En la tradición judía del Antiguo Testamento se habla con frecuencia de ángeles especiales que son casi como encarnaciones de Dios o como manifestaciones de su acción; a veces es difícil distinguir en un texto concreto si la persona que habla es Dios mismo o un ángel. Véanse como ejemplos de esto las narraciones del Gén 18 y 22.

En el Antiguo Testamento se mencionan ángeles especiales cuya misión es guiar al pueblo elegido en casos difíciles y defenderlo en sus luchas (ver 2 Re 19,35, donde un ángel del Señor destruye el ejército asirio de Senaquerib); tienen misiones especiales de salvación y son intercesores que oran ante Dios por el pueblo.

Las fuentes bíblicas mencionan a siete ángeles especiales que "están en la presencia de Dios", (ver Tob 12,14 y Ap 8,2.6) de modo paralelo a ciertos personajes nobles que tenían acceso al trono de los reyes. Los libros apócrifos judíos dan los nombres de estos ángeles; todos sus nombres acaban en *"el"*. Hay que tener en cuenta que la palabra *"El"* era uno de los antiguos nombres dados a Dios por los judíos, por lo que estos ángeles tienen una relación especial con la presencia

y acción de Dios. Los nombres, con sus significados, son los
siguientes:

Rafael - Sanación o medicina de Dios
Miguel - Quién como Dios
Gabriel - Fuerza o fortaleza de Dios
Uriel - Fuego de Dios
Ragüel - Amigo de Dios
Sariel - Príncipe de Dios
Remiel - Alteza de Dios

El Apocalipsis, siguiendo la creencia judía, hace alusiones
frecuentes a ángeles especiales o de alto rango; muchos los
ven como figuras poéticas que sirven para describir la acción
directa de Dios. En Ap 1,4 y 5,6, se habla de los siete Espíritus
que están delante de Dios; en Ap 4,5 se habla de siete
antorchas que parecen referirse a esos ángeles.

35.

¿Qué significan las siete trompetas del Apocalipsis 8,6-9,21? ¿Cómo se relacionan con los sietes sellos?

La trompeta, el instrumento que se oía a mayor distancia
en tiempos bíblicos, más que como instrumento de música
se usaba como señal de alarma y para reunir a la gente:
Anunciaba las fiestas y los triunfos del pueblo; se usaba
también en las batallas para dirigir el curso de los combates,
y no tardó en convertirse en un instrumento escatológico
tradicional. San Pablo la menciona en relación con la
resurrección de los muertos y el Juicio Final.

Las trompetas del Apocalipsis son llamadas apremiantes
a alarmantes a la conversión porque el fin está cercano. Las
plagas provocadas por las trompetas son descritas en términos
de las plagas de Egipto, del Exodo 7-10. Los objetos que se
mencionan en relación con las trompetas nos recuerdan los

elementos usados en la liturgia del Templo de Jerusalén: trompetas, carbones, copas, perfumes y el altar. Toda la naturaleza es como un gran templo de Dios.

Las plagas provocadas por las trompetas contienen alusiones a fenómenos naturales y sucesos históricos de la época del autor, que los describe en estilo poético y épico para despertar en sus lectores sentimientos que llamen a la conversión.

Los fenómenos naturales y las catástrofes de la historia deben ser vistos como signos divinos de la limitación de lo humano; de modo semejante, Jesús veía la lluvia no sólo como un fenómeno natural sino también como un don divino del Padre sobre los justos y los pecadores (Mt 5,45). Los sucesos de la naturaleza, son llamadas urgentes a la conversión porque el fin está cada vez más cerca.

Las trompetas están dispuestas, como los siete sellos, en dos series de 4 + 3. Las cuatro primeras trompetas, como los cuatro primeros sellos, están íntimamente relacionadas entre sí. No afectan directamente a las personas, sino a los lugares donde viven y trabajan. La naturaleza se sale de quicio como en los días de las plagas de Egipto y de Sodoma y Gomorra.

Una vez más, el autor nos recuerda que en el caso de las trompetas, como en el de los sellos, los sucesos de la tierra y del cielo están íntimamente relacionados; hay que vivir la historia en la tierra en comunión con el cielo.

Las plagas de las cuatro primeras trompetas no son totales; solamente la tercera parte de la naturaleza sufre sus consecuencias y queda aún tiempo y espacio para la conversión. Los efectos de cada plaga afectan a tres cosas:

1ª trompeta - $1/3$ de la tierra se convierte en fuego afectando la tierra, los árboles y la hierba verde
2ª trompeta - $1/3$ del mar se convierte en sangre afectando el agua, los peces y barcos
3ª trompeta - $1/3$ agua dulce se convierte en veneno

afectando los ríos, las fuentes y aguas
4ª trompeta - 1/3 de la luz se convierte en oscuridad
afectando el sol, la luna y las estrellas

Las primeras plagas de las trompetas han afectado directamente a las cosas más que a las personas. La quinta y sexta plagas son descritas en términos aterradores, con ejércitos de apariencia infernal que guerrean contra las personas, pero no producen el efecto deseado. Aunque Dios pone en movimiento los poderes del cielo, de la tierra y hasta del infierno para llamar a los malos a la conversión, el corazón humano tiene la posibilidad de resistir hasta el fin. Todo el poder de Dios no puede vencer el endurecimiento voluntario de las personas.

Estas dos últimas plagas hacen alusión a las invasiones de los partos que venían del este y que cien años antes había derrotado a los romanos y tomado Jerusalén; la derrota se las legiones romanas no había sido olvidada ni vengada; los partos eran un enemigo irresistible que estaba a las puertas del imperio y que el autor pensaba que causaría su destrucción.

Los partos eran como langostas (multitud); montaban a caballo (velocidad) y fácilmente cercaban a las pesadas y lentas legiones romanas; eran como leones (feroces) en la guerra; como las aves lo alcanzaban todo (nadie los podía evitar); eran hombres (inteligentes) que conocían bien las tretas de sus enemigos. La caballería de los partos era universalmente conocida y temida.

Cada guerra y cada invasión es un presagio del fin. Hay que aprender de la historia y vivir apercibidos. La penitencia, como la Biblia enseña repetidamente, puede llegar a cambiar el curso de la historia.

36.

Es verdad que ya ha caído del cielo la estrella venenosa que está destruyendo la naturaleza (Ap 8,10)?

Así lo han estado anunciando bastantes predicadores, unos haciendo alusión a la lluvia ácida *(acid rain)* que está destruyendo bosques y prados, y otros a la catástrofe nuclear de Chernobil, en la Unión Soviética.

El texto del Apocalipsis 8,10-11, dice:

"Tocó el tercer ángel, y cayó del cielo una estrella grande, como un globo de fuego, sobre la tercera parte de los ríos y de las fuentes. La estrella se llama Ajenjo, y la tercera parte de las aguas se convirtió en ajenjo y mucha gente murió a causa de las aguas, que se habían vuelto amargas".

Se da la coincidencia de que la palabra Chernobyl, nombre del lugar de Rusia donde hubo un escape tremendo de radioactividad, significa ajenjo; los daños de la radioactividad han sido muy extendidos por Rusia y por algunas regiones de Europa.

Los predicadores fundamentalistas que han ido siempre buscando algún detalle para justificar sus fantasías y sus interpretaciones, se han aferrado a esto del mismo modo que antes esperaban que se cumpliera a través de la explosión de una bomba atómica y que relacionaban la lluvia de sangre (Ap 8,7) con la lluvia ácida de los tiempos modernos.

El autor bíblico, según su costumbre, estaba haciendo alusión a sucesos de su tiempo contándolos en estilo épico, exagerado, como parte de un proceso narrativo y educativo; el ajenjo (ver Jer 23,15; 9,15; Amós 6,12) era usado para envenenar las aguas e impedir que los enemigos se aprovecharan de ellas. Aquí, Dios, de un modo nuevo pero tradicional, pelea contra sus enemigos para llamarlos a la conversión.

¿Aparecerán en la tierras ejércitos monstruosos al final de los tiempos como lo cuenta el capítulo 9 del Apocalipsis?

La quinta y sexta trompetas del Apocalipsis, según el estilo propio de este libro, anuncian que Dios pone en juego los poderes del cielo y del infierno para llamar a los malos a la conversión. Algunos fundamentalistas gustan dar rienda a su imaginación y llegan a exagerar más que los mismos autores apocalípticos. Hay quienes, por ejemplo, asocian los "monstruos" del Apocalipsis con los soldados vestidos con máscaras antigás para poder respirar el "humo infernal" de la guerra.

Desde un punto de vista teológico se podría decir que lo único verdaderamente monstruoso es el corazón humano endurecido que aplasta a sus semejantes y que se resiste al Dios que derrite a los montes. En la quinta y sexta trompetas el infierno ataca a los malos porque sobre los buenos no tiene ningún poder. Los buenos con las pruebas se vuelven mejores; los malos se vuelven peores. Las plagas han sido y serán siempre contra los opresores del Pueblo de Dios: Egipto, Babilonia y el imperio romano.

La descripción de las dos últimas trompetas se basa en textos del Antiguo Testamento y en la realidad político-militar del tiempo del autor. Las cinco primeras plagas de las trompetas están basadas en el Exodo, con pequeñas modificaciones tomadas del libro de la Sabiduría. La quinta y la sexta trompetas contienen ecos de la descripción de la segunda plaga de Egipto en el libro de la Sabiduría:

> *"Tú les mandaste en castigo una multitud de*
> *animales estúpidos, para enseñarles que uno es*
> *castigado por donde peca. **Ciertamente no***
> ***habría sido difícil a tu mano todopoderosa, que***

creó el mundo de una materia informe, enviar
contra ellos una cantidad de osos y de leones
feroces, o bien animales salvajes desconocidos,
recién aparecidos, llenos de furor, que soplaran
un aliento de fuego, lanzando torbellinos de
humo o que hicieran brotar de sus ojos terribles
relámpagos. Estas bestias los habrían muerto con
su aspecto espantoso antes de que fueran
aplastados por ellas. Pero aun sin nada de todo
eso podían ser muertos de un soplido,
perseguidos por la Justicia y eliminados por un
soplo de tu Poder; pero tú ordenaste todo con
número, peso y medida (Sab 11,15-20;
ver Jl 2,4-11).

El autor del Apocalipsis, además de inspirarse en el
Antiguo Testamento, parece tener en cuenta los ejércitos de
los Partos que estaban situados en las márgenes del río
Eufrates, amenazando la estabilidad del imperio romano.
Varias invasiones de Palestina habían venido del Eufrates,
(Babilonia), símbolo proverbial de hostilidad a Dios. Los
Partos estaban en el horizonte como un enemigo fantástico e
irresistible que con su caballería veloz y su ferocidad temida
vendrían a arrasarlo todo. El fin del imperio estaba a la
mano.

38.

¿Cuál es el significado del libro misterioso del Apocalipsis 10,1-11?

En los capítulos 10 y 11 del Apocalipsis encontramos dos
visiones en las que el autor presenta su misión profética de
denunciar el mal y de animar el bien. La primera es semejante
a la de Ezequiel 3,1-3, con la orden de comer un librito; la
segunda es semejante a la de Zacarías 2,5-9, con la orden de
medir el Templo de Jerusalén.

El profeta, antes de poder hablar, debe comer y digerir libros. El libro que contiene el Evangelio de Jesús está abierto, no contiene secretos, y su mensaje es para todos. El mensaje es agridulce. El ser llamado por Dios es un gran honor y puede dar placer, pero también puede llenar al profeta de amargura, como lo atestiguan las llamadas "confesiones" del profeta Jeremías (ver Jer 20,7-18; 11,21; 15,10-21).

Para un cristiano, la evangelización y el profetismo aparecen muchas veces como una aventura dulce y romántica, pero que, a la larga y si se toma en serio, no dejará de producir momentos de tribulación y amargura intensa, como Jesús se lo anunciaba a sus discípulos. El mundo se resistirá a escuchar y a creer, y acabará volviéndose contra los mensajeros. El cristianismo tiene una dimensión de consuelo y esperanza, pero tiene además una dimensión de denuncia que debe quitar el sosiego a los que viven en la comodidad.

39.

¿Por qué se le mandó a Juan medir el Templo de Jerusalén en Ap 11,1-2?

La orden de medir el Templo de Jerusalén, desde un punto de vista histórico es bastante extraña y fuera de lugar, ya que cuan Juan escribía su libro el Templo había sido destruido por los romanos.

Medir el templo es una señal de la protección divina de que goza el lugar santo. Ezequiel midió el lugar santo con todo detalle en preparación para la llegada de la gloria de Dios y de la presencia santificadora y protectora de Dios en medio de su pueblo (ver Ez 40-43). Zacarías mide la ciudad de Jerusalén como preludio al anuncio de la protección divina sobre ella (ver Zac 2,5-9). En el Apocalipsis Juan no está hablando del Templo material de Jerusalén, sino de la comunidad cristiana que va a ser protegida en medio de las tribulaciones; la comunidad es el nuevo Templo de Dios (ver 1 Co 3,16; 2 Co 6,16; Ef 2,19-21; 1 Pe 2,5).

Como el antiguo Israel que sufrió la tribulación del rey Antioco Epífanes por tres años y medio, la Iglesia que es el nuevo Israel va a experimentar una persecución que también será breve; los poderes del mal no tendrán éxito porque los cristianos están protegidos por Dios y por sus pastores, que se sacrifican por ellos.

40.

¿Quiénes son los dos testigos del Apocalipsis 11,3-14?

Esta es una de las cuestiones más famosas de las relacionadas con el Apocalipsis. Las respuestas son muy variadas, probablemente porque el autor se refiere a dos figuras históricas que describe con múltiples rasgos pertenecientes a varias figuras bíblicas. Las opiniones principales son las siguientes:

a) Hay comentadores que hacen notar que la descripción de los dos testigos recuerda a Moisés (cambio de las aguas en sangre) y a Elías (hacer bajar fuego del cielo), a quienes esperaban los judíos al final de los tiempos (ver Dt 18,15; Mal 3,22-24).

b) Otros ven en esta narración alusiones a Zacarías 4 que menciona un candelabro de oro y dos olivos, Zorobabel y el sacerdote Josué, los dos "ungidos" del pueblo. Los dos testigos serían representantes de la misión sacerdotal y regia de la iglesia.

c) Hay quienes piensan en dos cristianos del siglo I, bien conocidos por los lectores del Apocalipsis, que sufrieron el martirio; el autor los quiere glorificar y proponer como modelos para sus lectores.

d) Ha sido popular la identificación de los dos testigos con Elías y Enoc, los dos grandes personajes del Antiguo Testamento que no habían muerto, por lo que se esperaba que volverían al final de los tiempos para dar testimonio del Mesías y para sufrir la muerte como el resto de la humanidad.

e) Algunos ven aquí a los apóstoles Pedro y Pablo cuya predicación había resonado por todo el imperio y que habían compartido la muerte y el triunfo de Cristo.

f) Otros autores piensan en dos figuras simbólicas que representan y encarnan el profetismo de la Iglesia. Los testigos son dos porque este número se requería según la Ley para corroborar un testimonio. La sociedad paganizada no puede deshacerse de los profetas y de su memoria, porque la sangre de los mártires es semilla de cristianos; mueren unos profetas pero surgen otros, animados por el mismo espíritu, que llevan a cabo su obra.

Los antiguos profetas habían sido una plaga que trajo la incomodidad y el desasosiego a los reyes y a los poderosos de Israel. La Iglesia, los cristianos, eran una plaga para el imperio idolátrico que se consideraba Señor del universo. Los cristianos no deben temer la lucha porque su triunfo verdadero y total se da en su muerte como la de Cristo.

41.

¿Quién es la mujer del capítulo 12 del Apocalipsis?

La visión de la mujer y el dragón contiene muchos detalles concretos; esto da pie para que algunos autores escojan la interpretación que más les conviene.

Los autores católicos ven generalmente tres posibilidades de interpretación, identificando a la mujer con la Sinagoga (el judaísmo), la Iglesia (la comunidad cristiana), y la Virgen María. De esta última posibilidad hablaremos en la pregunta siguiente.

En el simbolismo bíblico del Antiguo Testamento que aparece también en el Apocalipsis, una mujer suele representar a un pueblo, a una ciudad o a una comunidad. La "Hija de Sión" es Jerusalén, la mujer samaritana que se encontró con Jesús junto al pozo es la ciudad de Samaria, y la ramera que se sienta sobre la bestia es la ciudad de Roma con su imperio.

La mujer del Apocalipsis es presentada como madre del Mesías, del que rige a los pueblos con cetro de hierro; se dice de ella que tiene otros hijos (Ap 12,17) contra los cuales el dragón continúa guerreando. La mujer gloriosa del cielo se convierte en una pobre mujer perseguida en la tierra. La mujer es llevada al desierto donde tiene un lugar seguro y es alimentada por Dios. Estas dos últimas indicaciones apuntan a la Iglesia o comunidad cristiana.

La Iglesia, ya desde el Calvario, es la que da a luz a Cristo en la historia; también da a luz a los cristianos. Los esfuerzos del dragón, el imperio romano, contra ella, están condenados al fracaso. La comunidad del antiguo Israel fue llevada por Dios al desierto como con alas de águila (ver Ex 19,4) para protegerla del dragón egipcio; la comunidad de la Nueva Alianza será igualmente protegida por Dios. Los dolores de parto de la mujer nos recuerdan las profecías escatológicas de la salvación que prometían a Israel los profetas (ver Is 54,1-6; 49,21; Mi 4,9-10; Is 26,16-19); aquellas profecías se cumplen en la maternidad de la Nueva Jerusalén, la Iglesia.

La visión de la mujer anuncia el nacimiento de una nueva humanidad en la iglesia. En la vieja humanidad, con Adán y Eva, el dragón —la serpiente— estuvo al acecho y obtuvo una victoria efímera. En la nueva humanidad, el pecado no tiene ni presente ni futuro.

Algunos autores hacen notar los reflejos de un mito transcultural en la narración, ya que en algunas leyendas de

Babilonia y Egipto a veces se habla de una diosa que iba a dar a luz y de un dragón que trataba de arrebatarle el niño; cuando el niño nacía era arrebatado al cielo. Nos parece que el autor del Apocalipsis no piensa en un simbolismo pagano, sino en el nacimiento de una nueva humanidad de modo paralelo al nacimiento de la humanidad con Adán y Eva.

42.

¿Es verdad que la Virgen de Guadalupe es la mujer del Apocalipsis?

Los comentadores protestantes, con muy pocas excepciones, ven en la mujer del Apocalipsis la representación del Pueblo de Dios del Antiguo y del Nuevo Testamento. Algunos comentadores católicos relacionan a la mujer, de algún modo, con María, la virgen de Nazaret, por ser ella en sentido estricto la madre de quien aplastó la cabeza de la serpiente (ver Gén 3,15). Esto querría decir que María, más que ser la mujer del Apocalipsis, sería la Nueva Eva, madre de la humanidad creyente.

Bastantes comentadores católicos relacionan a la mujer con María de tres modos diferentes:

1. El autor habla de la Iglesia, describiéndola con rasgos de María.
2. El texto habla de María en cuanto es arquetipo y modelo de la Iglesia.
3. María y la Iglesia están al mismo tiempo en la mente del autor.

Hay que notar que el símbolo apocalíptico es ambivalente o plurivalente. Se puede referir directamente al Pueblo de Dios del Antiguo y del Nuevo Testamento, a la Jerusalén celestial e indirectamente a la madre de Jesús. La visión del Apocalipsis describe el misterio del Calvario que fue presentado teológicamente en el cuarto Evangelio; allí, Jesús va a la gloria, María vuelve a convertirse en madre y se da el nacimiento de la Iglesia.

Los Padres de la Iglesia de los primeros ocho siglos veían en la mujer del Apocalipsis a la Iglesia, abarcando al Antiguo y al Nuevo Testamento. Escritores más recientes la fueron asociando frecuentemente con María, especialmente al proponer la doctrina de la Asunción de María a los cielos. La liturgia de la Misa de la fiesta de la Asunción, a partir de 1950, contiene alusiones directas al texto del Apocalipsis.

En el siglo XVIII fue popular en México la identificación de la mujer del Apocalipsis 12 con la Virgen de Guadalupe. Hasta hoy, hay mariólogos guadalupanos que insisten en este identificación y buscan justificarla con su interpretación del texto bíblico. Se puede comenzar por decir que aunque el texto bíblico no miraba al futuro, a Guadalupe, ella, sin embargo, podía muy bien mirar al pasado, al texto bíblico.

El mariólogo francés René Laurentín habla de cómo Dios y la Virgen escogen aparecerse de modo adaptado a la comunicación del lugar de cada aparición, asumiendo signos que les permitan ser reconocidos en relación con el mensaje que van a comunicar. Para Laurentín, la luz del sol que envuelve a Nuestra Señora de Guadalupe sugiere a la mujer del Apocalipsis, revestida de sol, con una corona de doce estrellas, que baja a la tierra para participar en los alumbramientos dolorosos de nuestro mundo.

El padre Virgilio Elizondo, conocido guadalupanista de los Estados Unidos, ha asociado la aparición de Guadalupe, en primer lugar, con el lenguaje pictórico de los aztecas. La imagen de la virgen era una lección de teología: La virgen era superior al dios azteca del sol, ya que ella lo ocultaba con su cuerpo; era también superior a la diosa luna que estaba a sus pies; era persona de importancia, ya que un ángel la llevaba en sus brazos; pero tenía cara morena, el rostro inclinado y las manos juntas, en señal de que no era una diosa sino un ser humano; va vestida como una mujer encinta, indicando que es una madre que va a dar a luz a un niño.

El padre Elizondo ve también en Guadalupe a la mujer del Apocalipsis que aparece en medio del dolor del pueblo conquistado y oprimido para dar a luz a un pueblo nuevo, al pueblo mestizo y cristiano de México. En Guadalupe nace la nueva personalidad e identidad del pueblo latinoamericano; allí vuelve a renacer la esperanza de los hijos oprimidos al ver a su madre triunfadora.

43.

¿Quién es el dragón del Apocalipsis?

El dragón del capítulo 12 del Apocalipsis es descrito como *"la Serpiente antigua, el Diablo o Satanás, como lo llaman, al seductor del mundo entero"* (Ap 12,9). El autor estaba convencido de que el demonio era quien había movilizado los poderes del imperio romano contra la comunidad cristiana.

La figura del dragón trae a la memoria dos "sucesos" del comienzo de la creación. El primero es la caída de los ángeles que se rebelaron contra Dios (ver Ap 13,4. *"¿Quién como Dios?"*); el segundo es la tentación de Adán y Eva; ahora como entonces, el dragón —la serpiente— está al acecho para destruir el plan de Dios; pero la nueva Eva, la mujer del Apocalipsis, sale vencedora con la ayuda de Dios.

El dragón tiene siete coronas sobre sendas cabezas, diez cuernos y arrastra un tercio de las estrellas del cielo. Es una pálida imitación del Cordero, que es el verdadero rey que tiene todo poder y que controla los destinos de la historia (ver 1,16-18; 5,6; 19,12). El demonio quiere imitar a Dios y ser como Dios; trabaja por establecer en el mundo el anti-Reino de Dios.

El dragón simboliza la impotencia básica de los poderes del mal contra el Pueblo de Dios. El dragón es impotente en el cielo y en la tierra: fracasa en su intento de devorar al niño que nace; falla en su persecución contra la mujer porque la misma tierra se traga el agua que el dragón vomita contra ella; además, tampoco tendrán éxito en su persecución contra la comunidad cristiana. Pero el diablo seguirá siendo muy peligroso porque está desesperado.

El texto repite tres veces que el dragón *"fue echado"* del cielo. La derrota de Satanás, en la teología de San Juan, es causada por el triunfo y la exaltación de Jesús en el Calvario, cuando el *"niño"* fue arrebatado y llevado ante Dios. Cuando Jesús fue exaltado, el demonio perdió su poder sobre la humanidad: *"'Ahora es el juicio del mundo; ahora el amo de este mundo* (el demonio) *va a ser echado fuera* (abajo). *Y cuando Yo haya sido levantado de la tierra, atraeré a todos a mí.' Jesús daba a entender así de qué modo iba a morir."* (Jn 12,31-33).

44.

¿Qué representan las Bestias del capítulo 13 del Apocalipsis?

Las dos bestias del capítulo 13 del Apocalipsis, junto con el dragón, forman una trinidad satánica que parodia la Trinidad de Dios. La primera bestia es el anticristo que trata de crear un antireino y la segunda bestia es el profeta del anticristo que trabaja por su triunfo.

La actividad de las dos bestias que persiguen a los elegidos de Dios explica cómo el dragón continúa su guerra contra los hijos de la mujer, lo que se globalizó en Ap 12,1-17. El dragón le ha dado su poder a las bestias de modo semejante a Jesús, que transmitió su poder y su misión a los discípulos.

La primera bestia es una encarnación de los poderes del dragón. Ambos tienen siete cabezas, diez cuernos y diez diademas. La descripción de la bestia se hace con elementos de las cuatro bestias de Daniel 7,4-6. La bestia del Apocalipsis, como las bestias de Daniel, describe una realidad política; es el símbolo de los perseguidores de la comunidad cristiana, del imperio romano y de sus sucesores, que son los poderes políticos y económicos que militan contra el Reino de Dios. La narración de 13,5-8 alude directa y detalladamente al alcance del poderío romano y al orgullo del emperador, que pretendió darse títulos divinos:

> *"Se le permitió hacer proyectos orgullosos y blasfemar en contra de Dios, y pudo actuar como quería durante cuarenta y dos meses. Se puso, pues, a lanzar insultos contra Dios, insultando su Nombre y su santuario, es decir, a los que ya habitan en el cielo. Se le concedió hacer la guerra contra los santos y vencerlos, y se le dio poder sobre toda raza, pueblo, lengua y nación. Y todos la adoraron, todos los habitantes de la tierra cuyo nombre no se halla escrito, desde el principio del mundo, en el Libro de Vida del Cordero sacrificado"* (Ap 13,5-8).

Una de las cabezas de la bestia estaba como herida de muerte y se curó (13,3) casi haciendo eco de la resurrección de Jesús. La bestia, el poder del mal, está siempre presente en la historia; se recupera de sus heridas mortales; siempre halla modos de regenerarse y reanimarse. Los cristianos a lo largo de la historia no van a vencer el mal de una vez para siempre; tendrán que continuar luchando en cada generación porque el mal siempre tratará de levantar cabeza. A veces se darán ocasiones en las que el cristiano no pueda escapar físicamente del poder del mal; en esos casos tendrá que estar dispuesto a morir por sus convicciones: *"Quien está destinado a ir al cárcel, irá a la cárcel; quien está destinado a muerte de espada, perecerá por la espada. Para los santos, es la hora de la perseverancia y de la fe"* (Ap 13,10).

Bastantes comentadores ven en la bestia que se recupera de sus heridas al emperador Nerón, el primer perseguidor de los cristianos, que murió asesinado. Este emperador fue tan cruel y excéntrico que cristianos y paganos le temieron hasta después de muerto. Los historiadores romanos cuentan que mucha gente temía que Nerón no hubiera muerto de verdad y que volviera a revivir—*Nero redivivus*. Cuando treinta años después de Nerón el emperador Domiciano comenzó a perseguir a los cristianos, no era de extrañar que algunos pensaran que Nerón había revivido.

La segunda bestia es el profeta del anticristo, un falso profeta que está al servicio de la primera bestia. El autor del Apocalipsis piensa ahora en los modos concretos con los que el poder romano oprimía a los habitantes del Asia Menor, de la región de las siete iglesias del Apocalipsis, haciéndoles imposible la vida social a los cristianos.

La primera bestia imitaba a Cristo glorificado. La segunda bestia, que tiene forma de cordero pero con solo dos cuernos y sin diademas, parece imitar la acción del Espíritu Santo. El Espíritu había hecho milagros en la iglesia primitiva; pero esta segunda bestia hace "milagros" con los que engaña a la gente.

La descripción de la acción de la segunda bestia nos hace pensar en el falso profeta Simón Mago, quien, según los Hechos de los Apóstoles (ver He 8,9-17) con sus artes mágicas había hecho creer a la gente que él era el gran poder de Dios encarnado. En Asia Menor hubo un gobernador o quizá un sacerdote del culto imperial que tomó medidas drásticas (ver Ap 13,16-17) para obligar a todo el mundo a participar en la adoración imperial; sabemos por los historiadores romanos que algo parecido sucedió no muchos años después en tiempo del emperador Trajano. Los sacerdotes paganos no tenían escrúpulos en recurrir a trucos y a la ventriloquia para engañar a la gente.

En la vida social, política y religiosa, todas las personas están selladas o marcadas (ver Ap 13,18 y 14,1), unas con el sello de Dios y otras con el sello de la bestia. Los frutos que producen revelan la marca que tienen.

45

¿Qué significa el número 666, la cifra de la bestia?

Al hablar del simbolismo de los números dijimos que el número 6 denota imperfección, ya que es menos que el 7 que significa la perfección. La repetición del 6, tres veces, expresa la imperfección superlativa.

El número 666 es introducido por una frase que invita al lector a reflexionar: *"Si ustedes son entendidos, interpreten la cifra de la Bestia. Se trata de un hombre, y su cifra es 666"* (Ap 13,18). El autor quiere que los lectores reflexionen para que entiendan que les está hablando de algo que sucede o se encuentra en medio de ellos.

Cuando no se habían inventado aún los números tal como los tenemos ahora (números árabes), los judíos, griegos y romanos usaban las letras de sus alfabetos como números. Por esto, cada nombre o palabra tenía un valor numérico que era la suma de sus letras. El autor del Apocalipsis piensa en un nombre o título de la bestia, bien conocido por los cristianos, la suma de cuyas letras era 666.

Lo más probable es que el autor estuviera pensando en el nombre o título del emperador Nerón, que había sido un hombre cruel y bestial, escribiendo su nombre con letras hebreas. De hecho, las letras de las palabras "Nerón César" dan un total de 666:

<u>N</u>	<u>R</u>	<u>O</u>	<u>N</u>		<u>Q</u>	<u>S</u>	<u>R</u>		
50	200	6	50		100	60	200	=	666

Algunos piensan que Nerón no parece un candidato muy apto para ser designado como la bestia si había muerto 25 años antes; pero, como dijimos en la pregunta precedente, el autor se refería directamente al emperador Domiciano, que muchas veces se dió a sí mismo títulos blasfemos (César-dios) que correspondían a este número y que con su persecución de los cristianos se estaba revelando y comportando como un nuevo Nerón.

A lo largo de la historia, la gente ha tratado de aplicar el número de la bestia a diversas personas; algunas sectas han tratado de aplicarlo al Papa; otros los han aplicado a Martín Lutero, Stalin, Hitler, Fidel Castro y a otras personas. La bestia simboliza y encarna el poder del mal que persigue a la comunidad cristiana; por ello, hay que tener mucha prudencia y más caridad al hacer cualquier aplicación.

46.

¿Cuál es la marca o sello de la bestia que llevan los que se condenan según el Ap 14,9-11 y 16,16?

La marca de la bestia corresponde a la marca del Cordero de la que se habló en Ap 7,2-4. Toda la humanidad está marcada de algún modo o por Cristo-Dios o por el demonio. Ante Cristo crucificado ("Mirarán al que traspasaron"), y ante el Cordero inmolado, nadie puede permanecer neutral; según la decisión de fe que hagan, unos pertenecerán al Reino de Dios y otros al reino del anticristo y del mundo.

Al hablar de la señal o marca de la bestia, el autor del Apocalipsis miraba al Antiguo Testamento y a la situación de los cristianos en la región del imperio romano del área de las siete iglesias. El sello o la marca en las cosas servía para indicar pertenencia, posesión e identificación. El sello en las personas vivas servía para su identificación y protección y podía expresar la dignidad de la persona. Caín fue el primer marcado por Dios para que nadie le hiciera daño (ver Gén 4,15); en el Exodo (12,7.13), las casas de los judíos fueron marcadas con la sangre del cordero pascual para protegerlas contra el ángel exterminador; en Ezequiel 9,4.6, las personas marcadas por Dios en la frente son salvadas de la muerte.

Los marcados con la sangre o el Nombre del Cordero se

salvarán de la tribulación y habitarán en la Jerusalén celestial (Ap 7,2-4; 14,1; 22,4). Los cristianos habían sido sellados con la sangre de Cristo en el bautismo; como Jesús, fueron también sellados con el Espíritu Santo. No tenían nada que temer.

La señal de protección y de la dignidad del cristiano es la letra *T*, que representa la señal de la cruz. Algunos ven en esa *T* una referencia a la palabra hebrea *TMM* (Temam), que significa "inocente". La señal de la bestia, según creen algunos, es la letra *alef*, que se refiere a la palabra *RR* ('Arur) que significa "maldito" (ver Dt 27-28).

El autor pensaba también en la situación de los cristianos en el Asia Menor, a los cuales las autoridades habían convertido injustamente en indocumentados e ilegales. Por orden del gobernador romano de la región, las personas que participaban en los sacrificios del culto imperial recibían un documento o certificado que tenían que presentar para poder comprar y vender, o para poder trabajar y ganarse la vida. Al carecer de aquel documento, a los cristianos se les hacía la vida social muy difícil y casi imposible. Pero los que aceptaban la marca o certificado de aquella "bestia" apostatando de su fe, estaban destinados a la condenación; salvaban su vida aquí en la tierra, pero se perdían la vida eterna.

47.

¿Qué es el Cántico de Moisés y del Cordero del Ap 15?

Todo el Apocalipsis mira al Exodo y de un modo especial el capítulo 15 que alude al Cántico de Moisés, a las plagas de Egipto, y al Santuario o Tienda del Testimonio, que era señal de la presencia protectora de Dios en medio de su Pueblo.

El autor del Apocalipsis da la impresión repetidamente de que cuando se agravan los problemas de la tierra, conviene detenerse para mirar al cielo. Esto ayudará a los cristianos a mantenerse firmes en su esperanza y a comprender el rigor del castigo que viene sobre los malos. Por ello, este capítulo que mira al cielo interrumpe el relato de la visión de las siete copas; también anteriormente, en Ap 8,1-5 se interrumpía el relato de las trompetas con una mirada a la liturgia celestial. Antes del castigo final de Babilonia/Roma, Dios va a enviar una vez más plagas como las de Egipto; por desgracia, los malos van a endurecer sus corazones como lo hizo el faraón egipcio.

El verdadero éxodo no fue el de Egipto ni el de la cautividad de Babilonia; lo será el de Cristo (ver Lc 9,31) y el de los cristianos que son liberados del poder de la muerte y de sus ministros. Los cristianos ansiaban su liberación del imperio opresor que o los condenaba a muerte o que pretendía esclavizarlos.

Juan ve a los elegidos junto a un mar de fuego y cristal, cantando un cántico en imitación de Moisés y del pueblo de Israel después de cruzar el mar Rojo al contemplar a los egipcios ahogados en el mar. El cántico del Apocalipsis es muy diferente del cántico del Exodo; tiene alguna relación con el texto del Deuteronomio. Como en el cántico del Antiguo Testamento, se alaba la grandeza de las obras de Dios, su justicia y verdad, y sus juicios.

El Cántico de Moisés y el del Cordero son una misma cosa: es el cántico de la totalidad del pueblo elegido, del Antiguo y del Nuevo Testamento, liberado por Dios.

48.

¿Qué significado tienen las siete copas del Apocalipsis 15,5-16,21? ¿Cómo se relacionan con las siete trompetas y con los sellos?

Las siete copas del Apocalipsis 15,5-16,21 explican lo que se anunció en 14,6-12. Dios continua corrigiendo y

castigando a los malos para que se conviertan. Los siete ángeles tienen en su manos copas o cálices semejantes a los que se usaban en la liturgia del Templo de Jerusalén. Las plagas de las copas no tienen limitaciones de cantidad o espacio, y afectan a todo el universo; su finalidad es quitar los obstáculos para el establecimiento del Reino de Dios. Estas plagas son muy parecidas a las de las trompetas aunque tienen mayor intensidad que las anteriores; todas ellas son una reinterpretación escatológica de las plagas de Egipto del Exodo 7-10.

SELLOS	TROMPETAS	COPAS
6,1-8,6	8,7-12; 9,1-19; 11,15-19	16,1-12.17-21
1. Caballo blanco: guerras sangrientas 6,1-2	1. Sobre la tierra: granizo y fuego mezclados con sangre 8,7	1. Sobre la tierra: llagas y úlceras 16,2
2. Caballo rojo: guerra civil 6,3-4	2. Sobre el mar: monte de fuego el mar en sangre 8,8-9	2. Sobre el mar: se convierte en sangre 16,3
3. Caballo negro: hambre 6,5-6	3. Estrella ardiente: agua potable amarga 8,10-11	3. Ríos, fuentes y agua: agua potable en sangre 16,4-7
4. Caballo bayo: peste 6,7-8	4. Sobre el sol: disminuye su luz 8,12	4. Sobre el sol: arde y quema a la gente 16,8-9

5. Oración de los mártires: justo juicio de Dios 6,9-11	5. Langostas infernales: torturan a los hombres 9,1-11	5. Sobre el trono de la bestia: oscuridad y dolor 16,10-11
6. Terremoto: sol, luna y estrellas: destrucción de la tierra y terror de la gente 6,12-17	6. Caballería infernal: mata $1/3$ de la humanidad 9,13-19	6. Sobre el río Eufrates: se seca para abrir paso a los invasores 16,12
7. Silencio: terremoto, truenos y relámpagos 8,1-6	7. Anuncio del Reino de Dios: tormenta, terremoto y granizo 11,15-19	7. Sobre el aire: tormenta, terremoto y granizo 16,17-21

Las cuatro primeras plagas afectan a los elementos principales de la naturaleza y de la creación: tierra, mar, agua potable y el sol. Las tres últimas plagas contienen alusiones a hechos históricos y políticos que estaban sucediendo o que se esperaba que iban a suceder pronto. La séptima plaga de las tres series es idéntica; mira hacia el futuro. Desde los días del Exodo, el pueblo oprimido ve un poder libertador en las calamidades de la historia; después de ellas se espera un futuro de libertad y felicidad. Los malos que no tienen nada que esperar, se desesperan; lo que debía servirles de medicina se les convierte en castigo.

49

¿Qué es el Harmaguedón (Ap 16,16)? ¿Cuándo sucederá?

Harmaguedón significa literalmente "monte de Meguido". Meguido era una ciudad fortificada del norte de Israel, cerca del monte Carmelo; guardaba la entrada a la llanura de Esdrelón, el granero principal del país. Por su emplazamiento estratégico, Meguido se convirtió a lo largo de la historia de Israel en campo de batalla obligado. Las excavaciones arqueológicas de Meguido han revelado que la ciudad fue destruida unas treinta veces en las batallas y guerras de la región (ver Jue 5,19; 2 Re 9,27; 23,29; 2 Cro 35,22).

Meguido es el lugar donde, según Jueces 5, Débora y Barac vencieron a Sísara; donde Jehú rey de Israel y Azarías rey de Judá trabaron combate en 2 Reyes 9. Meguido adquirió triste fama en la historia de Israel sobre todo por la derrota y muerte del rey Josías a manos del faraón Necao (Tutmosis III) de Egipto. En estas batallas estaba en juego el destino de Israel, por lo que Harmaguedón pasa a ser el lugar apocalíptico para la batalla final entre el bien y el mal. Meguido se convierte en símbolo de los desastres históricos, lugar de lamento y de llanto de los derrotados (ver Zac 12,11). Las fuerzas del mal van a ser conducidas por Dios a su destrucción, a su Harmaguedón.

Algunos comentadores del Apocalipsis ven en Harmaguedón una alusión al "monte de la Reunión" (Is 14,13), al lugar del campamento de los poderes del mal que se enfrentan a los poderes del bien reunidos en el Monte Sión (ver Ap 14,1). Los poderes del mal nunca podrán acercarse a dañar a los protegidos por Dios.

Hay gente que se imagina que las guerras y los peligros de guerra del Oriente Medio están preparando la llegada del Harmaguedón. Muchos fundamentalistas que piensan en un fin del mundo cercano no dudan de su inminencia. El autor del Apocalipsis no pensaba en lo que iba a suceder 2.000 años después de su tiempo, sino en lo que esperaba que iba a ocurrir en sus días; además, el autor usaba el lenguaje simbólico del Antiguo Testamento. Al autor esperaba el Harmaguedón de la derrota del poder del mal, que veía encarnado en el imperio romano que perseguía a los cristianos. Harmaguedón sucede a lo largo de la historia cada vez que los poderes del mal son derrotados por las fuerzas del bien. Cuando los poderes del mal se juntan y fortalecen, hay que rezar para que les llegue su Harmaguedón.

50.

¿Por qué se llama a Roma la gran ramera o prostituta (Ap 17,1-7)? ¿Hace referencia este título a la Iglesia católica romana?

El autor del Apocalipsis pensaba en los desafíos y en las persecuciones que enfrentaban sus lectores cristianos. El principal era la persecución del imperio romano empeñado en la implantación del culto imperial. En el lenguaje bíblico, la prostitución tiene un sentido religioso; la relación de Dios con su Pueblo (Israel) y con la humanidad se compara a un matrimonio; por ello la idolatría es una forma de adulterio o de prostitución religiosa. Cuando los profetas decían que todos los israelitas eran adúlteros, no pensaban en que andaban detrás de las mujeres de los demás sino en que andaban en pos de Baal, un dios falso. El imperio romano imponiendo a los pueblos conquistados la religión imperial los empujaba a esa prostitución religiosa.

Para el autor del Apocalipsis, Roma era la encarnación de los males de la historia que afligían al nuevo Pueblo de Dios, la comunidad cristiana; era una nueva Babilonia, Nínive y Sodoma. En el capítulo doce ofreció la visión de la mujer —la Iglesia— perseguida por el dragón. La Gran Ramera es la anti-mujer y la anti-iglesia. La Iglesia es la virgen, la esposa del Cordero; se enemiga es la ramera, la esposa de Satanás.

La ramera va como una diosa a caballo sobre la bestia, a hombros de Satanás que la sostiene y apoya. Va vestida de color escarlata, símbolo del lujo y de la ostentación que cubrían la pobreza y vaciedad espiritual del imperio romano. Las prostitutas de Roma, como esta ramera, solían llevar en su frente una diadema con su nombre. Algunos señalan que toda la descripción de la ramera esta hecha con elementos que en libro del Exodo se atribuyen al santuario de Dios y a las vestiduras del sumo sacerdote, por lo que la ramera es una parodia blasfema de todo lo divino (ver Ex 25,3-7; 26,1.31.36; 27,16; 28,5.15.23).

El nombre de esta mujer es "Misterio" (Ap 17,5), porque no se refiere literalmente a Babilonia sino a Roma. En algunos manuscritos griegos antiguos, el título de la mujer aparece escrito con letras mayúsculas: "Babilonia La Grande, madre de las prostitutas y de los abominables ídolos de todo el mundo" (17,5). Es probable que vieran en ese título un valor numérico cuyo significado nosotros desconocemos.

La presentación de la ciudad de Roma y del imperio romano bajo la figura de una prostituta probablemente era muy significativa para los lectores cristianos a fines del siglo I. Los escritores romanos, Juvenal en sus *Sátiras* (110-130 A.D.) y Tácito en sus *Anales* (c. 150 A.D.), hablan de la para entonces famosa emperatriz romana Mesalina, esposa del emperador Claudio, que reinó a mediados del siglo I. Mesalina fue una verdadera prostituta, de vida sexual tan escandalosa e insaciable que su esposo tuvo que matarla. Para los cristianos, Mesalina era símbolo de la corrupción romana, una figura que simbolizaba bien a su ciudad.

Algunas sectas protestantes gustan identificar la ramera del Apocalipsis con la Iglesia católica romana. Esta identificación es una blasfemia grosera porque para el autor del Apocalipsis la ramera personifica al poder del mal que persigue a los santos. La Iglesia católica, a pesar de sus defectos humanos, lucha por el bien y la justicia en el mundo. Es antievangélico denigrarla con acusaciones falsas.

En línea con el pensamiento del autor, habría que preguntarse dónde reside hoy esa ramera que lleva a los pueblos a la prostitución religiosa, alejándolos de Dios y de los valores del Evangelio, y persiguiendo a los que luchan por la justicia. Quizás esa ramera tiene varias residencias lujosas en nuestro mundo; ciertamente, no vive entre los pobres. Antiguamente la ramera incitaba a la idolatría del culto imperial; hoy incita a la idolatría de lo material y del propio yo.

51.

¿Quiénes son los siete reyes representados por las siete cabezas de la Gran Ramera del Apocalipsis (Ap 17,9-14)?

San Juan alude constantemente a la situación de los cristianos en el imperio romano. La enumeración y descripción de los reyes nos ayuda a entender algo de la cronología del libro. El autor introduce las siete cabezas con una llamada a la reflexión: *"¡Que la gente entendida haga un esfuerzo!"* (Ap 17,9). Aquí como en otros lugares donde usa esta frase o su equivalente (ver Ap 13,10.18), el autor quiere que sus lectores caigan en la cuenta de que les habla de algo que está sucediendo a su alrededor; les hablaba de Roma y de los emperadores que gobernaban su imperio.

El autor parece suponer que escribe durante el reinado del sexto emperador: *"Y también son siete reyes, de los cuales cinco han caído, uno está y el séptimo no ha venido todavía"* (Ap 17,9-10). Anuncia a continuación que el rey que falta va a reinar poco tiempo. Luego sorprende al lector añadiendo que hay un octavo rey que es la Bestia, pero que es uno de los siete.

Lo más probable es que el autor pensara en los emperadores Nerón y Domiciano, responsables de las dos primeras persecuciones contra los cristianos. El emperador que iba a durar poco sería Tito, que solamente reinó dos años. Como dijimos al hablar de la bestia, Domiciano era un nuevo Nerón, un hombre bestial. Hasta los escritores paganos mencionan la semejanza entre estos dos emperadores en su locura e inhumanidad.

La lista de los ocho primeros emperadores con el tiempo que reinaron cada uno de ellos ayuda a comprender lo que el autor del Apocalipsis está diciendo:

1. Augusto   31 a.C - 14 A.D.
2. Tiberio   14-37 A.D.
3. Calígula   37-41 A.D.
4. Claudio   41-54 A.D.
5. Nerón   54-68 A.D.
   Galba, Otón y Vitelio se disputaron el imperio en una guerra civil en los años 68-69: ninguno de ellos llegó a gobernar el imperio verdaderamente
6. Vespasiano 69-79 A.D.
7. Tito   79-81 A.D.
8. Domiciano   81-96 A.D.

En realidad es probable que el autor del Apocalipsis escribiera en tiempos de Domiciano pero imaginariamente se había colocado en tiempos de Nerón para escribir su obra. Hay algunos que piensan que la bestia podría ser Vespasiano, *"que era"* favorecido de Nerón pero que cayó de su privanza —*"no es"*— y que volvería después a levantarse y ocupar el poder supremo del imperio. Como dijimos antes, la bestia es con toda probabilidad el emperador Nerón.

52

¿Cómo será la destrucción de Roma y de los poderes del mal (Ap 17,15-18,24)? ¿Se dará una intervención milagrosa de Dios en la historia?

Roma en el Apocalipsis es el símbolo y compendio de la hostilidad de Satanás contra la Iglesia: *las fuerzas del Infierno no la podrán vencer,* como ya Jesús lo anunciara en el Evangelio (ver Mt 16,18). Hay que tener presente que el capítulo 18 del Apocalipsis es una poesía, por lo que no hay que interpretarlo al pie de la letra, y que habla a la vez de Roma como una diosa personificada, como ciudad y como imperio.

Roma cayó, aunque no del modo poético en que lo cuenta el Apocalipsis. Al describir su caída, el autor piensa en las caídas de reinos y ciudades descritas en el Antiguo Testamento, tales como la de Jerusalén en manos de los babilonios, la de Babilonia en manos de los persas, la caída del rey de Tiro (ver Ez 28) y la destrucción de Sodoma y Gomorra. Así como antiguamente perecieron los enemigos de Dios y los pecadores, así perecerá el poder romano que se creía omnipotente.

El imperio romano se desmoronó gradualmente desde dentro; los enemigos externos apresuraron su caída inevitable. Roma no ardió, pero fue saqueada por los visigodos; la tragedia no podía apreciarse desde el mar. El autor sueña sobre su caída y la canta dramáticamente con una lamentación parecida a las que se usaban en las tragedias de la antigüedad; los amigos de Roma —reyes, magnates, comerciantes, ricos, pilotos, navegantes, marineros—, cada cual por su turno, pronuncian una estrofa de la lamentación. Babilonia/Roma quedará como Jerusalén en las Lamentaciones de Jeremías (ver Jer 25,10).

El Apocalipsis subraya el contraste entre el llanto en la tierra de los amigos de Babilonia/Roma y la alegría en el cielo; el llanto de los ricos y los poderosos será correspondido con la alegría de los pobres —santos, apóstoles, profetas—, como ya lo anunciaba el Antiguo Testamento.

La caída de Babilonia y de las ciudades pecadoras son prueba de que los poderes del mal no van a prevalecer en la historia. Los cristianos tienen que acelerar su caída con su oración y su compromiso por la caridad y la justicia; Dios no pone fin al mal por medio de milagros espectaculares, sino por medio de la acción callada pero eficaz de sus fieles. Los cristianos no pueden "casarse" o reconciliarse con ningún sistema social o político que ponga las cosas sobre las personas, o en el que los honores, el poder y la riqueza sean el privilegio de unos pocos. La Nueva Jerusalén que esperan y por la que luchan será una isla en un mundo materializado y de pecado que invite a toda la humanidad a hacerse parte de ella.

53.

¿Por qué es Roma tan importante para el autor del Apocalipsis?

Cuando se escribió el libro del Apocalipsis, Roma era la ciudad más importante del mundo, por lo menos desde el punto de vista administrativo, político, militar y económico. Para los judíos y para bastantes cristianos Jerusalén era aún el centro religioso del mundo. Para otros, Atenas era el centro cultural del que salía la verdadera civilización destinada a ganar las mentes y los espíritus.

Roma, con sus leyes y decretos, había afectado profundamente la vida de los primeros cristianos. La persecución de Nerón, con la muerte de los apóstoles Pedro y Pablo, había dejado una llaga viva en el corazón de muchos. El autor del Apocalipsis veía en Roma el nido de los males y de las persecuciones no sólo contra los cristianos sino también contra el mundo entero al que oprimía con sus legiones.

Los poderes romanos, como muchos conquistadores de la historia, se consideraban a sí mismos como benéficos, ya que llevaban su civilización y cultura a los pueblos conquistados. El autor sagrado no quiere que nadie se llame a engaño, por lo que denuncia la maldad del imperio con toda claridad y sin rodeos.

Roma era la sede de la ramera, el lugar del trono de la bestia. Pero hay que tener en cuenta que la descripción del Apocalipsis tiene un carácter profético. Hasta que llegue la plenitud del Reino mesiánico y la Jerusalén celestial sea una realidad, la bestia del Apocalipsis seguirá teniendo sus tronos en diversas ciudades del mundo; desde ellas saldrán nuevas leyes que opriman a los pueblos y que serán enemigas del mensaje cristiano de justicia, respeto y amor universal.

A lo largo de la historia los cristianos tendrán que tener los ojos y los oídos bien abiertos para no dejarse engañar por la propaganda y los valores de las nuevas sedes de la bestia; tendrán que denunciarla sin miedo a incurrir sus iras: *"El que a la cárcel, a la cárcel ha de ir..."*

54.

¿Quién es el jinete que cabalga sobre el caballo blanco en el Ap 19,11-13?

El jinete que finalmente aparece cabalgando sobre el caballo blanco en el Ap 19,11-13 es Cristo glorioso y triunfador, que desciende del cielo para eliminar definitivamente los poderes del mal. El Cristo glorioso lleva a su cumplimiento el esperado Día del Señor, el juicio definitivo que produce la liberación perfecta de los creyentes.

La descripción del jinete está llena de detalles simbólicos que hacen resaltar el poder y la gloria del Cristo triunfador. Se describen primero sus cualidades internas: es fiel, veraz y juez justo. Luego se describe su figura exterior: ojos, cabeza, boca, muslo, manto (espalda). Sus seguidores cabalgan como él victoriosos sobre caballos blancos.

El Cristo que aparece para juzgar y destruir de una vez para siempre el poder del mal restaurando la creación a su gloria primera, es el Cristo del Calvario y el Cristo glorioso, el Cordero ensangrentado y triunfador que apareció anteriormente, que llega en su Segunda Venida o *Parusía*.

Su nombre personal *"que sólo él conoce"*, es el *"Nombre que está sobre todo nombre"* (Fil 2,9); nadie lo conoce perfectamente, por lo que no se le puede manipular o controlar. Tiene además otro nombre, *"Rey de reyes y Señor de señores"*, que proclama su grandeza a todos los pueblos.

En su primera venida a la tierra, Jesús vino como de incógnito, casi como un extranjero o ilegal, débil y humilde. Sólo unos pocos fieles lo reconocieron por quien era y creyeron en su obra y en su victoria. En su Segunda Venida llega de tal modo que nadie puede ignorarlo. Todo el mundo tiene que enfrentarse al salvado del Calvario, que es el Rey del universo.

El jinete sobre el caballo blanco que aparece en Ap 19,11-13 es muy diferente de los cuatro jinetes que aparecieron al abrirse los cuatro primeros sellos (Ap 6,1-8). Aquellos eran mensajeros de desgracia, de plagas que caían sobre la humanidad para llamar a la gente a la conversión. El jinete sobre el caballo blanco viene al final a ejecutar el juicio contra los que no creyeron y a traer la gloria y el premio a los suyos.

El autor del Apocalipsis veía con gozo el triunfo de Cristo en sus comunidades. Estaba llegando y era una realidad gradual. Los poderes del mal y del imperio estaban condenados al fracaso. Los cristianos eran personas que habían decidido unirse a un ejército que estaba destinado a triunfar.

55.

¿Qué significado tiene el título *"Rey de reyes y Señor de señores"* del Ap 19,16?

Este título proclama que Jesús ha recibido todo poder en el cielo y en la tierra (ver Mt 28,16). En los manuscritos minúsculos griegos más antiguos, las palabra de este título están escritas con letras mayúsculas, indicando que se veía en él un simbolismo especial.

La suma de los valores de las letras (hebreas) del título da un total de 777, que repite tres veces el número perfecto, por lo que indica que Jesús tiene el título perfecto de conquistador del mal o rey del universo:

M	L	K		M	L	K	Y	N		M	R	'		M	R	W	N
40	30	20		40	30	20	10	50		40	200	1		40	200	6	50
REY			(DE)			REYES				SEÑOR		(DE)			SEÑORES		
90			+			150			+		241		+			296 = 777	

El título de *Rey de reyes y Señor de señores* anuncia la perfección del señorío universal de Jesús resucitado. Lleva escrito el título probablemente en su estandarte, no en su muslo; es posible que haya confusión en las traducciones debido a la semejanza de las palabras hebreas *rgl* (muslo) y *dgl* (estandarte). Hay quien piensa que el autor hace eco de una estatua equestre que había en Efeso cuyo jinete tenía el nombre escrito en el muslo; de todos modos, el muslo es la parte del cuerpo que especialmente salta a la vista en un jinete.

56.

¿Qué es o cómo será el milenio (Ap 20,1-6)?

Al final del Apocalipsis se anuncia en detalle el triunfo de Cristo y de los cristianos al cual el autor repetidamente ha hecho alusiones: Cristo viene a la tierra a destruir el poder del mal, incapacitándolo por 1.000 años; entonces los mártires reinarán con él por 1.000 años (Ap 20,1-4), y al final de ese tiempo el poder del mal volverá a resurgir con gran fuerza por un breve periodo antes de su destrucción final.

Muchos lectores del Apocalipsis, con poco respeto a la manera de escribir del autor, interpretan esa sección, al pie de la letra, como un retorno a las condiciones paradisíacas en la tierra, de modo que el final del mundo vuelva a ser como lo presentó el libro del Génesis en su principio.

El milenarismo ha encontrado oposición de la Iglesia desde los tiempos más antiguos. El milenarismo, el supuesto reinado de Cristo en la tierra con los elegidos —especialmente con los mártires— durante 1.000 años, es una modificación de la creencia judía sobre el pueblo escogido que viviría un tiempo ideal futuro en el que había de dominar a los pueblos y regir el mundo; Daniel habla de un reino mesiánico que durará para siempre (ver Dan 7,14.27); el Apocalipsis de Baruc habla también de un reino mesiánico eterno después de la destrucción de los poderes del mal; los Oráculos Sibilinos (3,652ss) y el Apocalipsis de Henoc (91,12ss) hablan de un reino mesiánico intermedio antes del establecimiento final de la soberanía de Dios sobre el mundo; en la tradición judía, la duración del reino mesiánico varía desde los 400 hasta los 7.000 años; en la mitología persa más antigua se habla frecuentemente del poder del mal que es encadenado por mil años. Durante el milenio se esperaba la ausencia de males y la abundancia de bienes materiales y espirituales. El *milenarismo* (palabra derivada del latín), también llamado *quiliasmo* (palabra derivada del griego), fue propuesto en diversos grados por algunos pocos Padres de la Iglesia (Justino, Ireneo, Hipólito).

San Agustín ofreció una interpretación espiritualizada del milenio, de acuerdo con las enseñanzas del Evangelio de San Juan 5,24-29. San Juan habla de dos resurrecciones, una espiritual que tiene lugar cuando una persona cree en Jesús y comienza una vida nueva, y otra resurrección al final cuando todos estemos plenamente en la gloria con Jesús. En este sentido, los textos del Apocalipsis sobre la primera resurrección y el milenio hay que entenderlos de la vida en libertad de los fieles que creen en Cristo a lo largo de la historia de la Iglesia. Los cristianos tienen en sí la alegría de Dios, se sienten seguros y sin temor; no hay nada que los esclavice, ya que gozan de la libertad y la gloria de Cristo.

Los cristianos no tienen nada que esperar sobre la tierra. Hoy muchos estudiosos aceptan esta interpretación.

Hay especialistas bíblicos que leen los textos del Apocalipsis sobre la resurrección y el milenio a la luz de la resurrección de los huesos secos descrita en la visión del profeta Ezequiel. El profeta anunciaba la resurrección del pueblo cautivo en Babilonia. Para ellos, San Juan estaría hablando de la "resurrección" y de la revitalización de la Iglesia, amenazada de muerte por las persecuciones romanas. Los 1.000 años serían una referencia a la vida libre de la Iglesia al finalizar las persecuciones romanas. La Iglesia sigue viviendo el milenio, siendo 1.000 el número que simboliza la plenitud del tiempo, un periodo muy largo e indeterminado.

La interpretación católica general sigue las líneas de San Agustín. Los mil años tienen un sentido teológico y no cronológico; es el periodo de la gloria de la nueva creación a partir del triunfo de Cristo. Los cristianos vivimos ya la gloria de Cristo, como el autor de la carta a los Hebreos lo puso magistralmente:

"Ustedes se han acercado al Cerro Sión y a la ciudad del Dios vivo, la Jerusalén celestial con sus innumerables ángeles. Ustedes han llegado a la fiesta solemne, la asamblea de los primeros nacidos de Dios cuyos nombres están inscritos en el cielo. Allí está el juez de todos, Dios, al que rodean los espíritus de los justos que ya alcanzaron el término. Allí está Jesús, el Mediador de una nueva Alianza, llevando la sangre que purifica y que clama a Dios con más fuerza que la sangre de Abel" (Heb 12,22-24).

Para el autor del Apocalipsis, los poderes del mal solamente pueden triunfar por tres años y medio, un periodo muy breve; por otra parte, el bien va a triunfar por 1.000 años, un tiempo indefinido y larguísimo.

A lo largo de la historia de la Iglesia han abundado los

errores sobre el milenio. Ya dijimos en la cuestión núm. 9 que la Iglesia católica desde los primeros tiempos (en el Tercer Concilio Ecuménico de Efeso, en 431 A.D.), en la Edad Media, y en tiempos modernos, ha rechazado consistentemente las interpretaciones literales y materialistas que no tienen en cuenta la mentalidad del autor del libro.

El abad Joaquín de Flora enseñó que el milenio comenzaba en 1260. Más adelante los husitas, anabaptistas, mormones, dispensacionalistas, adventistas, testigos de Jehová y otras sectas, han enseñado erróneamente variaciones del milenarismo, esperando un reinado material y físico de los justos en la tierra antes del Juicio Final.

57.

¿Quiénes son (G)Og y Magog (Ap 20,7-10)? ¿Qué representan?

Gog y Magog son dos nombres que aparecen en el Libro de Ezequiel (ver Ez 28-29). Gog es rey de Magog, un lugar mítico situado al norte del Asia Menor en los confines del mar Negro. En los libros apocalípticos, (G)Og y Magog son una fórmula para designar los poderes contrarios a Dios (ver Orac. Sib. 3,319.512; 4 Esdr 13,5ss; Apoc de Henoch 56,5ss). En el Apocalipsis se da la impresión de que los dos nombres se refieren a personas, aunque se pueden entender como en Ezequiel de modo paralelo a nuestra manera de hablar, cuando, por ejemplo, decimos que en la Segunda Guerra Mundial los aliados lucharon contra Hitler y Alemania.

Ezequiel hacía referencia a los enemigos apocalípticos del Pueblo de Dios, símbolo de todos los enemigos a quienes Dios va a derrotar para que su pueblo viva en libertad. En el Apocalipsis, Gog y Magog representan a las naciones paganas incrédulas que se juntan contra la Iglesia —el nuevo Pueblo de Dios— al final de los tiempos.

El combate escatológico presentado en esta sección corresponde al primer combate presentado en Ap 19,11-21.

En ambos casos el poder del mal es absolutamente impotente y es vencido sin resistencia. Satanás, como no tiene ya las bestias a su servicio, toma a los poderes políticos como aliados suyos contra los santos. Juan no esperaba que con la derrota del imperio romano se fueran a acabar todos los males de los cristianos; el demonio una y otra vez volverá a levantar cabeza, pero está condenado al fracaso.

58.

¿Cómo será el Juicio Final (Ap 19,11-20,15)?

Todos los textos bíblicos que hablan del Juicio Final están escritos en estilo apocalíptico, lleno de símbolos tradicionales tomados de los profetas y del Exodo. Históricamente se referían al juicio y a la derrota de las naciones paganas enemigas del Pueblo de Dios. La historia estaba y está llena de los juicios de Dios.

El Juicio "Final" fue anunciado en Ap 14,14-20 bajo la doble imagen de la siega y de la vendimia. La siega parece afectar a los justos, al grano, que es recogido en los graneros de Dios. La vendimia afecta a los malos que se convierten en objeto de la ira de Dios.

El juicio es narrado detalladamente en Ap 19,11-20,15. El juicio es el triunfo definitivo de Cristo y de los cristianos, la victoria abierta del bien sin que los malos puedan impedirlo. El juicio de Dios es la impotencia del mal. Este juicio está sucediendo a lo largo de la historia. El autor del Apocalipsis usa el vocabulario del profeta Daniel (ver Dan 7,9-14). En Daniel, como en San Pablo (1 Co 15,25) y en el Apocalipsis, el último enemigo vencido es la muerte. Los poderes de la muerte deben ser vencidos por los cristianos a lo largo de la historia. La victoria definitiva la traerá Dios.

El Juicio Final es imaginado frecuentemente por la gente sencilla según las líneas de la conocida descripción de San

Mateo 25,31-46. Los comentadores bíblicos modernos la llaman "parábola" del Juicio Final. No se puede imaginar una multitud incontable en el valle de Josafat, con gentes que no sepan aún si van a ir al cielo o al infierno. San Mateo hablaba de la entrada en el Reino que era la comunidad cristiana. A lo largo de la historia está sucediendo algo definitivo. Las decisiones que la gente hace por Cristo y por los pobres (hambrientos, desnudos, enfermos, etc.) tienen dimensiones y consecuencias eternas.

La vida está llena de oportunidades porque Cristo está siempre a la puerta, esperando a que se le abra. Cada fracaso es una especie de fin del mundo: cuando muere una persona querida, cuando sobreviene una quiebra económica o cuando se pierde la reputación, a una persona se le acaba el mundo. Cristo está a la puerta en esos momentos para que vuelva a surgir un mundo nuevo, para que se pueda resucitar y volver a la vida. El único fin del mundo viene cuando triunfa el mal. El cristiano cree en la eternidad y en el triunfo definitivo del bien.

59.

¿Sucederá realmente el *Rapto* de los buenos al cielo? ¿Qué enseña la Iglesia sobre esto?

El *Rapto* es una de las doctrinas principales de muchas sectas evangélicas y fundamentalistas. La doctrina se propone de diferentes modos por las diversas sectas, aunque tienen ciertos elementos en común. Según ella, las almas o los espíritus de las personas elegidas que vivan en los últimos días serán llevados desde la tierra al paraíso con Cristo y así evitarán los males que van a venir sobre el mundo. Al final, esas personas raptadas formarán el cortejo de Cristo cuando venga a juzgar y a reinar sobre el mundo durante 1.000 años. Durante esos mil años el mundo tendrá el orden y la rectitud que Dios quiso para su creación desde el principio pero que fue sub-vertido por la tentación de Satanás y el pecado de Adán y Eva.

Este llamado *"Rapto"* no se menciona en el Apocalipsis, pero los fundamentalistas y evangélicos lo colocan en el contexto de este libro antes de la batalla final en la que los malos serán destruidos. La doctrina del *Rapto* la fundan sobre todo en textos de Mc 13,27, Mt 24,31.40-41, 1 Tes 4,13ss, y Apoc 20,1-15, que ellos entienden a su modo.

Creen que el *Rapto* sucederá literalmente tal como San Pablo lo describe en la carta a los Tesalonicenses: los elegidos, las personas que viven dispuestas a seguir a Cristo sin ponerle trabas, serán arrebatados en el aire con Cristo, siendo instantánea y milagrosamente transformados en seres espirituales revestidos de inmortalidad. Esto debe suceder siete años antes de la llegada del milenio, cuando Cristo vendrá de nuevo con sus santos a la tierra para vencer en la batalla definitiva y para reinar con ellos.

Los siete años intermedios entre el *Rapto* y el milenio serán los años de la gran tribulación, ya que todo lo bueno y toda influencia verdaderamente cristiana habrán sido sacados de este mundo. Se continuará predicando sobre Jesús, especialmente por las personas que no estuvieron plenamente preparadas para el *Rapto*, pero su predicación será vana o vacía y sin efectos sobre la sociedad. En esos años imperará la maldad.

La doctrina del *Rapto*, que también se encuentra en los libros apocalípticos apócrifos (ver 1 Henoc 39,3-4; 2 Henoc 7), proviene de una arbitraria y mala interpretación de algunos textos de la Sagrada Escritura. El número siete y la gran tribulación tienen en la Biblia un significado simbólico. El que unas personas que estén haciendo el mismo trabajo o durmiendo juntas sean tomadas y otras dejadas (ver Mt 24,40-41), se refiere al misterio de la conversión y de la aceptación del Evangelio que sucede misteriosamente por la gracia de Dios. El lenguaje de San Pablo está lleno de alusiones a sus experiencias místicas; además, usa los símbolos que se usaban en su tiempo para preparar la llegada del emperador a visitar una ciudad o región. Estos no se pueden tomar al pie de la letra para aplicarlos a Cristo, ya que este supera todos los valores y las formas de concepción humanas.

La doctrina sobre el *Rapto,* como la del milenarismo, nunca ha gozado de aceptación en la Iglesia católica. El *Rapto* implica una interpretación literal y materializada o materialística de realidades espirituales. La mayor parte de las denominaciones protestantes serias rechazan el *Rapto,* aunque en casi todos los grupos cristianos hay pequeños núcleos que gustan soñar en él.

60.

¿Cómo será la Nueva Jerusalén (Ap 21,5-27)?

El autor del Apocalipsis describe la Nueva Jerusalén por dentro y por fuera. En Ap 21,5-21 presenta el aspecto exterior: es una novia engalanada, una virgen fiel, todo lo contrario a la gran prostituta romana del capítulo 17. Sus doce puertas y doce cimientos significan la unidad de las dos Alianzas, de las tribus de Israel con los doce apóstoles de la Iglesia. Todos ellos forman el Pueblo de Dios.

La ciudad tiene la figura de un gran cubo de dos kilómetros de lado, por ser esta una figura perfecta. El Santo de los Santos en el Tabernáculo de Moisés tenía forma de cubo; esto puede indicar también que la Nueva Jerusalén es el lugar de la presencia de Dios. La muralla de la ciudad, de 70 metros de altura, parece insignificante, dadas las dimensiones de la ciudad. Esta muralla sirve más de adorno que de defensa de la ciudad; está protegida por el mismo Dios. La muralla hace y significa la unidad de todos sus habitantes. La descripción parece querer decirnos que todo lo genuino, bueno y hermoso de la tierra, va a ser eternizado en el cielo.

La descripción interior de la ciudad (Ap 21,22-22,5) señala que no tiene santuario o templo de Dios porque toda ella es un gran templo. El autor parece estar sorprendido porque no había templo, porque su estrecho nacionalismo judío choca por una vez con el universalismo cristiano. Dios es la luz y la salvación de la ciudad. Este es un lugar de puertas abiertas (ver Is 60,1-22); siempre estará abierto invitando a todos a abandonar el mundo con sus pecados y valores falsos para entrar a pertenecer a la comunidad de Dios. La ciudad es el nuevo paraíso en el que Dios y el Cordero ocupan el lugar central.

El autor hablaba de la posición ideal de la comunidad cristiana en el mundo como lugar de invitación, apertura y conversión para todas las naciones; la Ciudad de Dios es la alternativa de la Babilonia de la Bestia. Babilonia está destinada al fracaso. La Ciudad de Dios es la clave del futuro de la Iglesia y del mundo. Según dice la canción:"*Somos un pueblo que camina, y juntos, caminando, podremos alcanzar una ciudad que no se acaba, sin penas ni tristezas, ciudad de eternidad.*"

61.

¿Cómo será el nuevo Paraíso (Ap 22,1-5)?

Para el autor del Apocalipsis, el paraíso se integra con la Nueva Jerusalén y con la Iglesia ideal. La nueva comunidad es variadamente descrita con rasgos del paraíso (río, árboles) y con elementos litúrgicos (trono, templo, culto). El nuevo paraíso, como el primero descrito en el Génesis, es un lugar simbólico—lugar de paz, gozo y bienaventuranza. La humanidad recupera el paraíso.

El paraíso hace una gran inclusión de toda la historia de la salvación, apareciendo al principio y al final, porque toda la historia apunta a una nueva creación. Dios, que había hablado al comienzo de la creación diciendo: *"Hágase la luz"*, habla al final diciendo: *"Ahora todo lo hago nuevo"* (Ap 21,5-6). La creación final y perfecta es una realidad.

Juan se inspira en el Génesis y en Ez 47,1-12. El nuevo paraíso, como la nueva creación, supera al antiguo al no tener un árbol prohibido; por el contrario, tiene toda una avenida de árboles de la Vida que producen frutos de inmortalidad. El paraíso es una nostalgia y una esperanza para el cristiano.

Jesús nos abrió las puertas del paraíso. Desde que Jesús vino es posible convivir en verdadera paz y hermandad, recibimos medicinas de inmortalidad (sacramentos), y Dios camina con nosotros a lo largo de nuestra existencia. Ya no existe el mar con lo que ello significa: tormentas, agitación, incertidumbre, temor, peligros, inquietudes y desorden. En el nuevo paraíso todo es reposo y paz.

El manantial del Agua de la Vida (21,6) es mucho más abundante que la "fuente" que regó el primer paraíso. Esa agua era esperada en el Antiguo Testamento para los tiempos mesiánicos. Jesús la identificó con su doctrina y con el Espíritu Santo; estos se comunican a los fieles que participan en la vida de la Iglesia.

62.

¿Qué significa la expresión final del Apocalipsis, *Marana Tha* (Ap 22,17)?

Marana Tha —Señor, Ven— es una expresión que también aparece en 1 Co 16,22 y en otros lugares del Nuevo Testamento. *Marana Tha* son dos palabras arameas que formaban parte del lenguaje litúrgico de los primeros cristianos y que expresaban la impaciente y ardiente esperanza de una *Parusía* próxima en la que se revelara el señorío glorioso de Jesús sobre toda la creación.

Marana Tha expresa también el optimismo indomable de aquellas primeras comunidades perseguidas y acorraladas por los poderes del imperio. Sabían que el mal no iba a durar para siempre; el triunfo de Cristo y de los cristianos iba a ser pronto una realidad. Eso les animaba a perseverar y resistir. El autor del Apocalipsis pretendía alimentar la fe y animar el entusiasmo que hacía exclamar a los cristianos *Marana Tha.*

Indice